LES PLATS SCANDINAVES DÉVOILÉS

Créer 100 saveurs scandinaves authentiques à partir de zéro

Pauline Coolen

Matériel protégé par le droit d'auteur ©2023

Tous droits réservés

Aucune partie de ce livre ne peut être utilisée ou transmise sous quelque forme ou par quelque moyen que ce soit sans le consentement écrit approprié de l'éditeur et du propriétaire des droits d'auteur, à l'exception de brèves citations utilisées dans une critique. Ce livre ne doit pas être considéré comme un substitut à un avis médical, juridique ou autre conseil professionnel.

TABLE DES MATIÈRES

TABLE DES MATIÈRES 3
INTRODUCTION 6
PETIT DÉJEUNER 7
   1. Krumkake norvégien 8
   2. Gaufres suédoises au safran 11
   3. Crêpes suédoises 13
   4. Pain de Noël norvégien 15
   5. Crêpes norvégiennes 17
   6. Muffins danois au rhum et aux raisins secs 19
   7. Salade danoise aux œufs 21
   8. Petits pains suédois au safran (Saffransbröd) 23
   9. Repas de hachis suédois 26
   10. Crêpes au four suédois 28
   11. Pain de seigle danois 30
   12. Lefsa (pain norvégien aux pommes de terre) 32
   13. Céréales de seigle danoises 34
   14. Pain plat suédois 36
   15. Pain à la bière suédois 38
   16. Raggmunk (Crêpes suédoises aux pommes de terre) 41
   17. Gaufre danoise à la feta et aux épinards 43
   18. Crêpes aux œufs, jambon et fromage 45
   19. Petits pains Boller norvégiens 47
COLLATIONS 49
   20. Kringler danois 50
   21. Aebleskiver danois 52
   22. Aniswe Twists suédois 54
   23. Dandies Danois (Danske Smakager) 56
   24. Apéritifs suédois aux boulettes de viande 58
   25. Noix sucrées norvégiennes 60
   26. Escargots danois 62
   27. Barres norvégiennes aux amandes 64
   28. Boulettes de poulet norvégiennes 66
   29. Boulettes de viande norvégiennes en gelée de raisin 68
BISCUITS 70
   30. Mélange à Biscuits Chapeau de Napoléon 71
   31. Fattigmann (Biscuits de Noël norvégiens) 73
   32. Croissants de Noël suédois 75
   33. Pepparkakor (Biscuits suédois au gingembre) 77
   34. Biscuits suédois au pouce 79
   35. Biscuits suédois à l'avoine 81
   36. Biscuits suédois au beurre 84
   37. Biscuits suédois Spritz 86
   38. Biscuits suédois au gingembre 88
   39. Biscuits suédois au gingembre et à l'orange 90

- 40. Biscuits norvégiens à la mélasse 92
- 41. Croissants Suédois aux Amandes 94

SAUCISSES 96
- 42. Saucisse de foie danoise 97
- 43. Saucisse de Porc Danoise 99
- 44. Saucisse de pomme de terre suédoise 101
- 45. Cors Oxford danois 103
- 46. Saucisse Norvégienne 105

PLAT PRINCIPAL 107
- 47. Lasagne suédoise Janssons Frestelse 108
- 48. Rôti de Veau Suédois à l'Aneth 110
- 49. Hamburgers aux oignons, style suédois 113
- 50. Saumon Poché de Norvège au Beurre d'Anchois 115
- 51. Pain de Viande Suédois 117
- 52. Rôti de Bœuf Suédois à l'Aneth 119
- 53. Gravlax (saumon suédois salé au sucre et au sel) 121
- 54. Salade suédoise de poulet 124
- 55. Saumon norvégien séché au genièvre 126
- 56. Steak à la Suédoise 128
- 57. Soupe Norvégienne aux Pois 130
- 58. Saumon Aux Oignons Grillés 132

ACCOMPAGNEMENTS ET SALADES 135
- 59. Salade de Viande Norvégienne 136
- 60. Oignons Croquants Danois 138
- 61. Tomates grillées au fromage feta danois 140
- 62. Homard Norvégien avec Salade de Pommes de Terre et Crème 142
- 63. Fèves au lard suédoises 145
- 64. Pommes au four norvégiennes 147
- 65. Rouleaux de chou danois 149
- 66. Salade de chou suédoise au fenouil 151
- 67. Rutabagas suédois 153
- 68. Salade Danoise de Concombre 155
- 69. Pommes de Terre Persillées Norvégiennes 157

SOUPES DE FRUITS 159
- 70. Soupe Danoise aux Pommes 160
- 71. Soupe Norvégienne aux Myrtilles 162
- 72. Soupe Danoise aux Pommes avec Fruits et Vin 164
- 73. Soupe Sucrée Danoise 166
- 74. Soupe aux Fruits Norvégienne (Sotsuppe) 168

DESSERT 170
- 75. Fruits suédois en liqueur 171
- 76. Tartes konungens au dessert suédois au chocolat 173
- 77. Tarte Danoise au Fromage Bleu 176
- 78. Pudding Norvégien aux Amandes 179
- 79. Génoise Suédoise 181
- 80. Rouleaux Suédois Vegan à la Cannelle (Kanelbullar) 183

81. Gâteau Suédois Au Café Feuilleté 186
82. Crème anglaise au fromage suédoise 189
83. Crème Suédoise aux Baies 191
84. Cônes danois 193
85. Pudding de Noël Norvégien 195
86. Pavlova suédoise aux airelles 197
87. Gâteau Suédois Au Chocolat 199
88. Gâteau au Café Norvégien "Kringlas" 201
89. Gâteau Danois Aux Pommes Et Pruneaux 203
90. Dessert Norvégien à la Rhubarbe 205
91. Tosca suédoise 207
92. Norvégien Riskrem 210
93. Fondue danoise 212
94. Tarte au Fromage Suédoise 214
95. Tartelettes norvégiennes au saumon 216

BOISSONS **219**
  96. Dieu Marteau 220
  97. Docteur 222
  98. Mélange de café suédois 224
  99. Lance suédoise 226
  100. Café Danois 228

CONCLUSION199 .... **230**

INTRODUCTION

Dans le royaume enchanteur de « LES PLATS SCANDINAVES DÉVOILÉS », nous vous invitons chaleureusement à vous immerger dans les saveurs captivantes du Nord, où l'art de la cuisine artisanale transforme chaque plat en un chef-d'œuvre culinaire. Ce livre de cuisine sert de passerelle pour explorer la riche tapisserie de la cuisine scandinave, dévoilant les secrets et les traditions qui ont élevé ces délices du Nord au rang de royaume de fascination culinaire. Imaginez les fjords sereins, les forêts verdoyantes et les cuisines intimes de la Scandinavie, où chaque repas est une symphonie de simplicité, de fraîcheur et un lien profond avec les abondants trésors naturels de la région. « LES PLATS SCANDINAVES DÉVOILÉS » n'est pas simplement une compilation de recettes ; il s'agit d'un guide complet qui vous invite à créer 100 saveurs scandinaves authentiques dans le confort de votre propre cuisine : un voyage qui amène l'essence du Nord directement à votre table.

Alors que vous vous lancez dans cette odyssée culinaire, préparez-vous à libérer tout le potentiel de votre cuisine. Amusez-vous en découvrant le travail avec des ingrédients d'origine locale , en perfectionnant des techniques ancestrales et en insufflant à vos créations la chaleur et l'authenticité qui définissent le cœur de la cuisine maison scandinave. Que vous soyez attiré par la symphonie savoureuse du smørrebrød ou par le charme sucré des friandises nordiques, chaque recette de ces pages est un portail vers l'âme même du Nord, un lieu où chaque bouchée raconte une histoire de richesse culturelle et d'héritage culinaire.

Rejoignez-nous dans la révélation des secrets cachés au cœur des plats scandinaves. Chaque création réalisée sur mesure est un hommage sincère au charme durable de la gastronomie nordique, où l'authenticité règne en maître. Que votre cuisine résonne de l'arôme réconfortant de l'aneth, de l'essence incomparable du seigle et de la pure satisfaction dérivée de la création de ces saveurs authentiques de vos propres mains.

Alors laissez l'aventure culinaire se dérouler. Que "LES PLATS SCANDINAVES DÉVOILÉS" soit votre guide, vous guidant à travers les merveilles gustatives du Nord, et que votre cuisine soit à jamais imprégnée de l'esprit de l'hospitalité nordique et de l'attrait intemporel des délices scandinaves préparés sur place. Skål !

PETIT-DÉJEUNER

1. Krumkake norvégien

INGRÉDIENTS:
- 1 tasse de farine tout usage
- ½ tasse de sucre cristallisé
- 2 gros œufs
- ½ tasse de beurre non salé, fondu
- ½ tasse de crème épaisse
- ½ cuillère à café de cardamome moulue (facultatif)
- ½ cuillère à café d'extrait de vanille
- Sucre en poudre pour saupoudrer (facultatif)

ÉQUIPEMENT SPÉCIAL:
- Fer à Krumkake (un fabricant de cornets de gaufres spécial)
- Rouleau à cône Krumkake (pour façonner la gaufre en cônes)

INSTRUCTIONS:

a) Dans un bol à mélanger, mélanger la farine et le sucre.
b) Dans un autre bol, battez les œufs. Ajouter le beurre fondu, la crème épaisse, la cardamome (le cas échéant) et l'extrait de vanille. Fouetter jusqu'à ce que le tout soit bien mélangé.
c) Versez les ingrédients humides dans les ingrédients secs et fouettez jusqu'à obtenir une pâte lisse. La pâte doit avoir une consistance similaire à celle de la pâte à crêpes.
d) Préchauffez votre fer à krumkake selon les instructions du fabricant.
e) Graisser légèrement le fer à krumkake chaud avec un enduit à cuisson ou du beurre fondu.
f) Versez environ 1 cuillère à soupe de pâte au centre du fer et fermez-le hermétiquement.
g) Faites cuire le krumkake pendant environ 20 à 30 secondes ou jusqu'à ce qu'il soit doré. Surveillez-le de près pour éviter de brûler.
h) Retirez délicatement le krumkake du fer à l'aide d'une fourchette ou d'une spatule et roulez-le immédiatement en forme de cône à l'aide d'un rouleau à cône krumkake. Attention, le krumkake sera chaud.
i) Placez le krumkake roulé sur une grille pour qu'il refroidisse et prenne. Il deviendra croustillant en refroidissant.
j) Répétez le processus avec le reste de la pâte, en graissant le fer à chaque fois.
k) Une fois les cornets de krumkake refroidis et devenus croustillants, vous pouvez les saupoudrer de sucre en poudre, si vous le souhaitez.
l) Servez les cornets de krumkake tels quels ou remplissez-les de crème fouettée, de confitures de fruits ou d'autres garnitures sucrées de votre choix.
m) Conservez les restes de krumkake dans un récipient hermétique pour conserver son croustillant.

2.Gaufres suédoises au safran

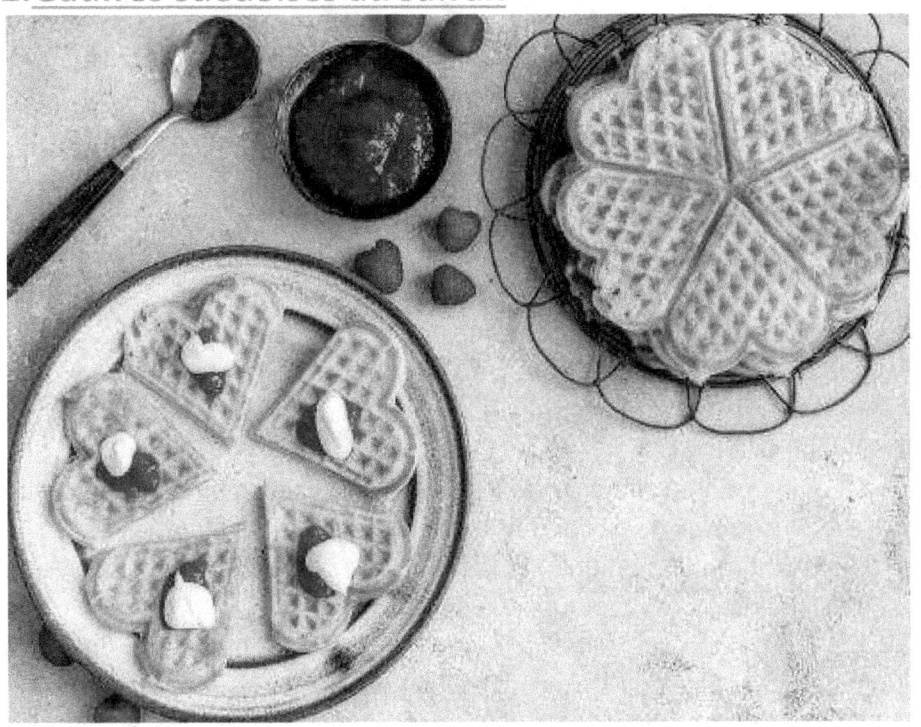

INGRÉDIENTS:
- 2 tasses de farine tout usage
- ½ tasse de sucre cristallisé
- 1 cuillère à soupe de levure chimique
- ¼ cuillère à café de sel
- ½ cuillère à café de cardamome moulue
- ½ cuillère à café de fils de safran
- 2 ½ tasses de lait
- ½ tasse de beurre non salé, fondu et refroidi
- 2 gros œufs
- Crème fouettée et confiture d'airelles, pour servir (facultatif)

INSTRUCTIONS:

a) Dans un petit bol, écrasez les fils de safran à l'aide d'un mortier et d'un pilon jusqu'à ce qu'ils libèrent leur arôme et leur couleur.

b) Dans un grand bol, mélanger la farine, le sucre, la levure chimique, le sel, la cardamome moulue et le safran broyé.

c) Dans un autre bol, fouetter ensemble le lait, le beurre fondu et les œufs jusqu'à ce que le tout soit bien mélangé.

d) Versez les ingrédients humides dans les ingrédients secs et fouettez jusqu'à obtenir une pâte lisse. La pâte doit avoir une consistance versable.

e) Couvrez la pâte et laissez-la reposer à température ambiante pendant environ 30 minutes pour permettre aux saveurs de se fondre.

f) Préchauffez votre gaufrier selon les instructions du fabricant.

g) Graisser légèrement le gaufrier chaud avec un enduit à cuisson ou du beurre fondu.

h) Versez une partie de la pâte au centre du fer, en utilisant la quantité recommandée selon la taille de votre gaufrier.

i) Fermez le gaufrier et faites cuire jusqu'à ce que les gaufres au safran soient dorées et croustillantes.

j) Retirez délicatement les gaufres au safran du fer et placez-les sur une grille pour qu'elles refroidissent légèrement.

k) Répétez le processus avec le reste de la pâte, en graissant le fer à chaque fois.

l) Servir les gaufres au safran tièdes telles quelles ou avec une cuillerée de chantilly et une cuillerée de confiture d'airelles dessus.

3. Pancakes Suédois

INGRÉDIENTS:
- 4 très gros œufs, séparés
- 1 tasse de farine tout usage
- 1/2 cuillère à café de sel
- 2 cuillères à soupe de sucre blanc
- 1 tasse de lait
- 3 cuillères à soupe de crème sure
- 4 blancs d'œufs
- 3 cuillères à soupe d'huile végétale

INSTRUCTIONS:
a) Fouetter les jaunes d'œufs dans un bol à mélanger de taille moyenne jusqu'à ce qu'ils deviennent épais. Tamisez ensemble le sucre, le sel et la farine dans un autre bol. Ajoutez progressivement le mélange de sucre et le lait aux jaunes d'œufs battus. Incorporer la crème sure.
b) Fouetter les blancs d'œufs dans un bol à mélanger de taille moyenne, en veillant à ce qu'ils ne soient pas séchés mais fermes. Incorporez les blancs d'œufs à la pâte.
c) Versez une petite quantité d'huile dans une poêle ou une plaque chauffante chauffée à haute température. Ajoutez environ 1 cuillère à soupe de pâte dans la poêle et étalez la pâte uniformément. Chauffer la crêpe jusqu'à ce qu'elle soit dorée d'un côté.
d) Retournez la crêpe lorsque la surface contient des bulles. Chauffez l'autre côté jusqu'à ce qu'il devienne brun et répétez ce processus avec la pâte restante.

4.Pain de Noël norvégien

INGRÉDIENTS:
- 2 paquets de levure sèche
- ½ tasse d'eau tiède
- 1 cuillère à café de sucre
- 1 tasse de lait, échaudé
- ½ tasse de beurre
- 1 œuf battu
- ½ tasse) de sucre
- ½ cuillère à café de sel
- ¾ cuillère à café de cardamome
- 5 tasses de farine, environ
- ½ tasse de citron, coupé
- ½ tasse de cerises confites, coupées
- ½ tasse de raisins blancs

INSTRUCTIONS:
a) Dissoudre la levure dans l'eau tiède avec un peu de sucre.
b) Ébouillanter le lait et ajouter le beurre; refroidir à tiède. Ajoutez l'oeuf puis le mélange de levure.
c) Ajoutez le sucre, le sel et la cardamome. Incorporer 2 tasses de farine et bien mélanger.
d) Mélangez les fruits avec un peu du reste de farine pour éviter qu'ils ne collent et ajoutez-les au mélange.
e) Incorporer le reste de la farine. Pétrir sur un chiffon fariné jusqu'à consistance lisse. Placer dans un bol graissé. Couvrir et laisser lever jusqu'à ce qu'il double.
f) Divisez la pâte en deux parties et formez des pains ronds. Placer sur des plaques à biscuits ou des moules à tarte graissés. Laisser lever jusqu'à presque doubler.
g) Cuire au four à 350 degrés Fahrenheit pendant 30 à 40 minutes.
h) Pendant qu'il est chaud, badigeonnez de beurre mou ou décorez avec un glaçage au sucre en poudre mélangé à un arôme d'amande, puis ajoutez des amandes et d'autres cerises confites.

5.Crêpes norvégiennes

INGRÉDIENTS:
- 1 cuillère à soupe de beurre fondu
- ⅔ tasse de lait
- 2 jaunes d'œufs
- 2 blancs d'œufs
- ¼ tasse de crème épaisse
- 1 cuillère à café de levure chimique
- ½ tasse de farine

INSTRUCTIONS:

a) Mélangez la farine, la levure chimique, le lait et les jaunes d'œufs pour obtenir une belle pâte lisse.
b) Ajoutez la crème et le beurre fondu.
c) Battez les blancs d'œufs en neige ferme, puis incorporez-les à la pâte.
d) Faites frire la pâte dans une poêle à frire de 8 à 12 pouces.
e) Une fois frite, étalez de la confiture de toute sorte sur la crêpe, puis pliez-la en quatre et servez-la en dessert.

6.Muffins danois au rhum et aux raisins

INGRÉDIENTS:
- 1 tasse de raisins secs
- 1 tasse de rhum brun
- 2 tasses de farine
- ½ tasse) de sucre
- 1½ cuillères à café de levure chimique
- ½ cuillère à café de bicarbonate de soude
- ¼ cuillère à café de sel
- ¼ cuillère à café de muscade
- ¾ Bâton de beurre
- 1 tasse de crème sure
- 1 oeuf
- ¾ cuillère à café de vanille

INSTRUCTIONS:

a) Faire tremper les raisins secs dans le rhum toute la nuit. Égouttez et réservez le rhum.
b) Dans un grand bol, mélanger les ingrédients secs : farine, sucre, levure chimique, bicarbonate de soude, sel et muscade.
c) Incorporer le beurre jusqu'à ce qu'il ressemble à de la farine grossière.
d) Incorporer les raisins secs égouttés.
e) Dans un autre bol, fouetter ensemble la crème sure, l'œuf, la vanille et 2 cuillères à soupe de rhum jusqu'à consistance lisse.
f) Faites un puits avec les ingrédients secs et versez-y le mélange humide.
g) Remplissez les moules à muffins aux ¾ avec la pâte.
h) Cuire au four préchauffé à 375 °F (190 °C) jusqu'à ce qu'il soit doré, environ 20 minutes.

7. Salade danoise aux œufs

INGRÉDIENTS:
- ½ livre de pois surgelés
- 1 boîte (2,25 oz) de petites crevettes
- 6 œufs ; bouilli pendant 10 minutes
- 3 onces de saumon fumé
- 1½ once de mayonnaise
- 4 onces de crème sure
- Sel et poivre au goût
- 1 pincée de sucre
- ¼ de citron ; jus de
- ½ bouquet de persil ; haché
- 1 tomate
- Morceaux de persil

INSTRUCTIONS:
a) Cuire les pois selon les instructions sur l'emballage; égouttez-les et laissez-les refroidir.
b) Égouttez les crevettes.
c) Épluchez et coupez les œufs durs en tranches.
d) Coupez le saumon fumé en petites lanières.
e) Mélangez tous les ingrédients.
f) Préparez la marinade en mélangeant la mayonnaise, la crème sure, le sel, le poivre, le sucre, le persil haché et le jus de citron au goût.
g) Mélanger soigneusement tous les ingrédients et réfrigérer pendant 10 à 15 minutes.
h) Épluchez la tomate et coupez-la en quartiers.
i) Garnir la salade de morceaux de persil.

8. Petits pains suédois au safran (Saffransbröd)

INGRÉDIENTS:
- ½ cuillère à café de fils de safran séchés
- 1 tasse moitié-moitié
- 2 enveloppes de levure sèche
- ¼ tasse d'eau tiède
- 1 cuillère à soupe de sucre
- ⅓ tasse de sucre
- 1 cuillère à café de sel
- ⅓ tasse de beurre non salé
- 1 œuf battu
- 4 tasses de farine tamisée, ou au besoin
- 1 jaune d'œuf battu avec 1 cuillère à soupe de lait
- 1 blanc d'oeuf battu
- Raisins secs ou groseilles, pour la décoration
- Sucre en morceaux, concassé
- Amandes blanchies râpées

INSTRUCTIONS:

a) Écrasez le safran sec en une poudre fine et laissez-le infuser dans 1 ou 2 cuillères à soupe tièdes moitié-moitié pendant 10 minutes.

b) Saupoudrez la levure dans ¼ tasse d'eau tiède, ajoutez 1 cuillère à soupe de sucre, couvrez légèrement et réservez dans un endroit chaud pendant 5 à 10 minutes ou jusqu'à ce que le mélange soit mousseux.

c) Ébouillantez la moitié et la moitié restantes et ajoutez ⅓ tasse de sucre, de sel et de beurre. Remuer jusqu'à ce que le beurre fonde. Refroidir à tiède.

d) Ajouter le mélange échaudé au mélange de levure avec le lait au safran égoutté et 1 œuf battu. Bien mélanger.

e) Incorporer progressivement la farine jusqu'à ce que le mélange soit lisse et non collant mais toujours doux et malléable. Pétrir pendant 10 minutes ou jusqu'à ce qu'il soit brillant et élastique.

f) Placez la pâte dans un bol légèrement fariné, saupoudrez le dessus de la pâte de farine, couvrez sans serrer et laissez-la lever dans un coin sans courant d'air jusqu'à ce qu'elle double de volume, environ 1 heure et demie.

g) Abaisser la pâte et pétrir pendant 2 ou 3 minutes. Façonnez-le en formes (pour les « chats » comme décrit ci-dessous). Laisser lever 30 minutes et cuire au four préchauffé à 400°F pendant 10 minutes.

Réduire le feu à 350 °F et cuire au four encore 30 minutes ou jusqu'à ce qu'ils soient dorés.

Lussekatter - Chats Lucia:

h) Pincez de petits morceaux de pâte et roulez-les en formes de saucisses de 5 à 7 pouces de long.
i) Placez ces bandes ensemble par paires, en pinçant les centres pour les joindre et en enroulant les quatre extrémités.
j) Badigeonner de glaçage au jaune d'œuf et cuire au four.
k) À l'aide d'un peu de blanc d'œuf, collez un raisin ou une groseille au centre de chaque boudin de petits pains chauds.

9.Repas de hachis suédois

INGRÉDIENTS :

- 1 & 1/2 cuillère à soupe d'huile d'olive
- 1/2 kg de pommes de terre pelées et coupées en dés
- 1 oignon moyen, tranché finement
- 5 onces de porc fumé, coupé en dés
- 5 onces de jambon, coupé en dés (environ 1/2 tasse, bien rempli)
- 10 onces de saucisses coupées en dés (environ 300 grammes)
- sel et poivre, pour l'assaisonnement
- persil haché grossièrement pour la garniture

INSTRUCTIONS :

a) Placer une poêle moyenne ou grande à feu moyen-vif, puis ajouter l'huile.
b) Une fois l'huile chaude, ajoutez les dés de pommes de terre.
c) Cuire jusqu'à ce que les pommes de terre soient à moitié cuites.
d) Ajoutez les oignons, le sel et le poivre.
e) Régler le feu à moyen et cuire environ 4 minutes ou jusqu'à ce que les oignons soient ramollis.
f) Ajoutez le porc fumé, le jambon et les saucisses.
g) Cuire jusqu'à ce que les pommes de terre soient prêtes, en vérifiant et en ajustant simultanément l'assaisonnement pendant ce temps.
h) Retirez la casserole du feu et transférez dans des assiettes.
i) Servir avec quelques betteraves marinées et un œuf au plat.

10. Crêpes au four suédois

INGRÉDIENTS :
- 3 tasses de lait
- 4 gros œufs
- 2 tasses de farine
- 4 cuillères à soupe de beurre fondu
- 1 cuillère à café de sel
- 2 cuillères à soupe de sucre

INSTRUCTIONS :
a) Bien battre les œufs.
b) Ajouter le lait, le beurre fondu, le sel et la farine.
c) Cuire au four dans un moule 9 X 13 graissé dans un four à 425 °F pendant 25 à 30 minutes.
d) Couper en carrés et servir immédiatement avec du beurre et du sirop.

11. Pain de seigle danois

INGRÉDIENTS:
Jour 1
- 2 tasses (500 ml) d'eau, température ambiante
- 3 tasses (300 g) de farine de seigle à grains entiers
- 1 once. (25 g) de levain de seigle

Jour 2
- 4 tasses (1 litre) d'eau, température ambiante
- 8 tasses (800 g) de farine de seigle à grains entiers
- 2 tasses (250 g) de farine de blé entier
- 2 cuillères à soupe (35 g) de sel
- 4½ onces. (125 g) de graines de tournesol
- 4½ onces. (125 g) de graines de citrouille
- 2½ onces. (75 g) de graines de lin entières

INSTRUCTIONS:
a) Mélangez bien les ingrédients et laissez reposer à température ambiante toute la nuit.
b) Mélangez la pâte préparée la veille avec les nouveaux ingrédients . Mélangez soigneusement pendant environ 10 minutes.
c) Divisez la pâte dans trois moules à pain de 8 × 4 × 3 pouces (1½ litre). Les casseroles ne doivent être remplies qu'aux deux tiers. Laissez-le lever dans un endroit tiède pendant 3 à 4 heures.
d) Température initiale du four : 475 °F (250 °C)
e) Placer les moules au four et réduire la température à 350°F (180°C). Versez une tasse d'eau sur la sole du four. Faites cuire les pains pendant 40 à 50 minutes.
f) Jour 2 : Mélangez le reste des ingrédients avec le levain.
g) Bien mélanger la pâte pendant environ 10 minutes.
h) Placer la pâte dans un moule à pain de 8 × 4 × 3 pouces (1 1/2 litre). Remplissez la casserole au maximum aux deux tiers jusqu'au sommet. Laisser lever jusqu'à ce que la pâte atteigne le bord du moule.

12. Lefsa (pain norvégien aux pommes de terre)

INGRÉDIENTS:
- 3 tasses de purée de pommes de terre Instant Hungry Jack
- 1 cuillère à café de sel
- ¼ tasse de margarine
- 1 tasse de lait
- 1 tasse de farine
- Beurre et cassonade au goût

INSTRUCTIONS:
a) Faire fondre la margarine et le sel dans 1 tasse d'eau bouillante. Versez le mélange sur la purée de pommes de terre instantanée et remuez.
b) Ajouter 1 tasse de lait et 1 tasse de farine; mélanger, puis laisser refroidir au réfrigérateur.
c) Roulez le mélange en boules de la taille d'une balle de golf, puis étalez-les finement.
d) Cuire sur une plaque chauffante (légèrement huilée), en dorant légèrement des deux côtés.
e) Rouler le lefsa avec le beurre et la cassonade à l'intérieur. Alternativement, vous pouvez remplacer d'autres garnitures selon vos préférences.

13. Céréales de seigle danoises

INGRÉDIENTS:
- 1 tasse de baies de seigle entières, non transformées
- 2 cuillères à café de cannelle moulue
- 1 cuillère à café de graines de carvi
- 1 cuillère à soupe d'extrait de vanille
- 3 tasses d'eau
- ¼ tasse de raisins secs
- Fromage ricotta (facultatif)
- Sucre (facultatif)

INSTRUCTIONS:
a) Mélanger tous les ingrédients sauf les raisins secs, la ricotta et le sucre dans une casserole ; bien mélanger.
b) Chauffer à ébullition.
c) Réduire le feu pour laisser mijoter et cuire à couvert pendant 1 heure. Remuer de temps en temps; ajoutez plus d'eau si nécessaire pour éviter les brûlures.
d) Durant les 15 dernières minutes de cuisson, ajoutez les raisins secs.
e) Garnir chaque portion d'une cuillerée de fromage ricotta et de sucre, si désiré.

14.Pain plat suédois

INGRÉDIENTS:
- 2 tasses de farine blanche
- ¾ tasse de farine de seigle
- ¼ tasse) de sucre
- ½ cuillère à café de bicarbonate de soude
- ½ cuillère à café de sel
- ½ tasse de beurre ou de margarine
- 1 tasse de babeurre
- 2 cuillères à soupe de graines de fenouil

INSTRUCTIONS:
a) Dans un bol, mélanger la farine blanche, la farine de seigle, le sucre, le sel et le bicarbonate de soude.
b) Incorporer la margarine jusqu'à ce que le mélange ressemble à de fines miettes.
c) Incorporer le babeurre et ajouter les graines de fenouil, à l'aide d'une fourchette, jusqu'à ce que le mélange tienne.
d) Façonnez la pâte en petites boules et roulez-les sur une planche farinée pour former des ronds très fins, d'environ quatre à cinq pouces de diamètre.
e) Cuire au four sur des plaques non graissées à 375°F pendant environ cinq minutes ou jusqu'à ce qu'elles soient brun clair.

15. Pain à la bière suédois

INGRÉDIENTS:
- 1 paquet de levure sèche
- 1 cuillère à café de sucre cristallisé
- ½ tasse d'eau tiède (100°F)
- 2 tasses de bière, chauffée à tiède
- ½ tasse de miel (ajuster au goût)
- 2 cuillères à soupe de beurre fondu
- 2 cuillères à café de sel
- 1 cuillère à café de cardamome moulue (facultatif)
- 1 cuillère à soupe de graines de carvi écrasées ou ¾ cuillère à café d'anis écrasées
- 2 cuillères à soupe d'écorces d'orange, fraîches ou confites, hachées
- 2½ tasses de farine de seigle
- 3 tasses de farine non blanchie

INSTRUCTIONS:

a) Dissoudre la levure et le sucre dans l'eau tiède dans un grand bol et laisser lever pendant cinq minutes.
b) Mélangez la bière, le miel, le beurre fondu et le sel. Bien mélanger et ajouter au mélange de levure.
c) Ajoutez la cardamome, les graines de carvi écrasées ou l'anis et le zeste d'orange haché. Bien mélanger.
d) Mélangez les farines, puis ajoutez trois tasses de ce mélange au liquide. Battez vivement.
e) Couvrir d'un torchon et laisser lever dans un endroit chaud et sombre pendant environ une heure.
f) Remuez et ajoutez suffisamment de farine restante pour obtenir une pâte assez ferme mais toujours collante.
g) Démoulez sur une planche bien farinée et travaillez la pâte jusqu'à ce qu'elle soit lisse et élastique. Ajoutez plus de farine sur la planche si nécessaire.
h) Formez une boule avec la pâte, huilez la surface et placez-la dans un bol huilé. Couvrir avec le torchon et laisser lever une seconde fois, environ une heure.
i) Découpez, formez deux boules et déposez-les sur une plaque à pâtisserie graissée saupoudrée de semoule de maïs.
j) Badigeonner de beurre fondu, couvrir légèrement de papier ciré et réfrigérer pendant trois heures.
k) Retirer du réfrigérateur et laisser reposer sur le comptoir, à découvert, pendant dix à quinze minutes.
l) Cuire au four à 375°F jusqu'à ce que le pain sonne creux lorsqu'on le tape sur le fond, environ 40 à 45 minutes.
m) Laisser refroidir avant de trancher.

16. Raggmunk (galettes de pommes de terre suédoises)

INGRÉDIENTS:
- 3 cuillères à soupe de farine
- ½ cuillère à café de sel
- 1¼ décilitres de lait écrémé
- 1 oeuf
- 90 grammes de pommes de terre pelées
- 1 cuillère à café d'huile ou de margarine

INSTRUCTIONS:

a) Fouettez ensemble la farine et le sel avec la moitié du lait.
b) Ajoutez l'œuf et le reste du lait.
c) Râpez les pommes de terre et ajoutez-les au mélange. Bien mélanger.
d) Faites fondre la margarine dans une poêle.
e) Mettez une fine couche du mélange dans la poêle et faites frire jusqu'à ce qu'elle soit légèrement dorée.
f) Retourner et faire frire l'autre côté jusqu'à ce qu'il soit doré.
g) Servez votre Raggmunk avec de la confiture d'airelles non sucrée et quelques légumes. Vous pouvez également remplacer certaines pommes de terre par des carottes pour varier. Bon appétit pour vos galettes de pommes de terre suédoises !

17. Gaufre danoise à la feta et aux épinards

INGRÉDIENTS:

- 2 œufs, séparés
- 1½ tasse de lait
- 125 g de beurre fondu
- 1½ tasse de farine autolevante
- 1 cuillère à café de sel
- 150 g de feta molle, émiettée grossièrement ¼ tasse de parmesan râpé
- 150 g d'épinards surgelés, décongelés, évacués de l'excès d'humidité
- Bacon grillé et tomates pour servir

Méthode

1. Sélectionnez le réglage BELGE et composez le 6 sur la molette de contrôle du brunissage.
2. Préchauffez jusqu'à ce que le voyant orange clignote et que les mots CHAUFFAGE disparaissent.
3. Fouettez ensemble les jaunes d'œufs, le lait et le beurre.
4. Mettez la farine et le sel dans un grand bol, faites un puits au centre.
5. Incorporer délicatement le mélange d'œufs et de lait pour former une pâte lisse. Incorporer la feta émiettée et les épinards.
6. Battre les blancs d'œufs jusqu'à formation de pics fermes, incorporer délicatement à la pâte.
7. À l'aide du gobelet doseur à gaufres, versez ½ tasse de pâte dans chaque carré de gaufre. Fermez le couvercle et faites cuire jusqu'à ce que la minuterie soit terminée et que le bip de préparation retentisse 3 fois. Répétez avec le reste de la pâte.
8. Servir avec du bacon grillé et des tomates.

18. Crêpes aux œufs, jambon et fromage

INGRÉDIENTS:
- Beurre clarifié fondu
- 2 tasses de pâte à crêpes salées au sarrasin
- 8 oeufs
- 4 onces de jambon danois râpé
- 4 onces de Monterey Jack râpé
- Fromage

INSTRUCTIONS:

a) Chauffer une poêle ou une poêle à crêpes de 9 ou 10 pouces à feu moyen-vif.
b) Badigeonner généreusement de beurre fondu.
c) Lorsque le beurre grésille, ajoutez ¼ tasse de pâte à crêpes au sarrasin et remuez pour enrober la poêle.
d) Au centre de la pâte, cassez délicatement un œuf en gardant le jaune entier.
e) Cuire jusqu'à ce que le blanc soit pris, le jaune doit rester coulant.
f) Garnir de ½ once de jambon et ½ once de fromage.
g) Incorporer délicatement les côtés de la crêpe sur le fromage. Retirer la crêpe dans une assiette chaude avec une spatule.
h) Continuer avec le reste de la pâte à crêpes et les œufs.

19. Petits pains Boller norvégiens

INGRÉDIENTS:
- 1½ tasse de lait
- 1½ once de levure fraîche
- 3 onces de beurre
- 4 tasses de farine de blé
- ½ tasse) de sucre
- 2 cuillères à café de cardamome moulue
- Raisins secs au goût (facultatif, 1-2 tasses)
- 1 œuf pour le glaçage

INSTRUCTIONS:

a) Commencez par faire fondre le beurre et laissez-le refroidir jusqu'à ce qu'il soit tiède.

b) Réchauffez le lait à environ 37°C (100°F), en vous assurant qu'il atteigne une température tiède.

c) Incorporer la levure fraîche au lait tiède. Si vous utilisez de la levure sèche, mélangez-la directement à la farine.

d) Dans un autre bol, mélanger le sucre, la cardamome moulue et les raisins secs (si désiré) avec la farine.

e) Ajouter le mélange lait et levure aux ingrédients secs, suivi du beurre fondu et refroidi. Remuer vigoureusement jusqu'à ce que la pâte devienne brillante et souple. Si la pâte est trop collante, vous pouvez incorporer un peu plus de farine.

f) Couvrez la pâte d'une pellicule plastique et placez-la dans un endroit chaud. Laissez-le lever jusqu'à ce qu'il double de volume, ce qui prend généralement environ 45 à 60 minutes. Si vous faites du kringle, c'est ici que vous vous arrêtez.

g) Pour les petits pains sucrés, pétrissez légèrement la pâte et façonnez-la en un long boudin. Divisez la pâte en 24 parts égales et façonnez chaque morceau en boule ronde.

h) Placez les petits pains formés sur une plaque à pâtisserie graissée et laissez-les lever encore 20 minutes.

i) Préchauffez votre four à la température recommandée.

j) Battez l'œuf et utilisez-le pour badigeonner le dessus des petits pains.

k) Cuire les petits pains sur la grille du milieu du four jusqu'à ce qu'ils soient bien dorés avec des côtés pâles.

l) Profitez de vos petits pains sucrés faits maison !

COLLATIONS

20.Kringler danois

INGRÉDIENTS:
- 2 ¼ tasses de farine tout usage
- 2 cuillères à soupe de sucre cristallisé
- 1 cuillère à café de levure instantanée
- ½ cuillère à café de sel
- ½ tasse de lait, tiède
- 2 cuillères à soupe de beurre non salé, fondu
- 1 œuf battu

POUR LA GARNITURE :
- 1 œuf battu
- Sucre perlé ou sucre grossier pour saupoudrer

INSTRUCTIONS:
a) Dans un grand bol, mélanger la farine, le sucre, la levure instantanée et le sel.
b) Ajoutez le lait tiède, le beurre fondu et l'œuf battu aux ingrédients secs. Remuer jusqu'à ce que la pâte se rassemble.
c) Transférer la pâte sur une surface légèrement farinée et pétrir pendant environ 5 à 7 minutes jusqu'à ce qu'elle soit lisse et élastique.
d) Remettez la pâte dans le bol, couvrez d'un linge propre et laissez-la lever dans un endroit chaud pendant environ 1 heure ou jusqu'à ce qu'elle double de volume.
e) Préchauffer le four à 375°F (190°C). Tapisser une plaque à pâtisserie de papier sulfurisé.
f) Divisez la pâte en 6 morceaux égaux. Roulez chaque morceau en une longue corde d'environ 20 pouces de long.
g) Façonnez chaque corde en un nœud semblable à un bretzel, en croisant les extrémités les unes sur les autres et en les glissant sous la pâte.
h) Placez les kringlers en forme sur la plaque à pâtisserie préparée. Badigeonnez-les d'œuf battu et saupoudrez de sucre perlé ou de sucre grossier.
i) Cuire au four préchauffé pendant environ 12 à 15 minutes ou jusqu'à ce qu'ils soient dorés.
j) Sortez-les du four et laissez-les refroidir légèrement avant de servir.

21. Aebleskiver danois

INGRÉDIENTS:
- 1 ½ tasse de farine tout usage
- 2 cuillères à soupe de sucre
- ½ cuillère à café de levure chimique
- ¼ cuillère à café de sel
- 1 ¼ tasse de babeurre
- 2 gros œufs
- Beurre ou huile, pour la cuisson
- Sucre en poudre, pour servir
- Confiture ou conserves, pour servir

INSTRUCTIONS:
a) Dans un bol, mélanger la farine, le sucre, la levure chimique et le sel.
b) Dans un autre bol, fouetter ensemble le babeurre et les œufs.
c) Versez les ingrédients humides dans les ingrédients secs et remuez jusqu'à ce que tout soit bien combiné.
d) Faites chauffer une poêle aebleskiver à feu moyen et graissez-la légèrement avec du beurre ou de l'huile.
e) Remplissez chaque puits du moule avec la pâte, environ aux ¾.
f) Faites cuire les aebleskiver jusqu'à ce que le fond soit doré, puis utilisez une brochette ou une aiguille à tricoter pour les retourner et cuire l'autre côté.
g) Répétez avec le reste de la pâte. Servir l'aebleskiver saupoudré de sucre en poudre et accompagné de confiture ou de conserves.

22. Torsades d'aniswe suédoises

INGRÉDIENTS:
- 2 1/2 tasses de farine tout usage
- 1/2 tasse de beurre non salé, ramolli
- 1/2 tasse de sucre granulé
- 2 cuillères à café d'extrait d'anis
- 1/2 cuillère à café de levure chimique
- 1/4 cuillère à café de sel
- 1 oeuf
- Sucre perlé pour saupoudrer (facultatif)

INSTRUCTIONS:
a) Préchauffer le four à 375°F (190°C) et tapisser une plaque à pâtisserie de papier parchemin.
b) Dans un grand bol à mélanger, battre ensemble le beurre ramolli, le sucre cristallisé et l'extrait d'anis jusqu'à consistance légère et mousseuse.
c) Dans un autre bol, mélanger la farine, la levure chimique et le sel.
d) Ajoutez progressivement les ingrédients secs au mélange de beurre en mélangeant bien après chaque ajout.
e) Incorporer l'œuf jusqu'à ce que la pâte se rassemble.
f) Divisez la pâte en petits morceaux et roulez chaque morceau en une longue corde d'environ 8 pouces de longueur.
g) Torsadez chaque corde en forme de « S » et placez-la sur la plaque à pâtisserie préparée.
h) Saupoudrer de sucre perlé sur les torsades (si désiré).
i) Cuire au four pendant 10 à 12 minutes ou jusqu'à ce que les bords soient légèrement dorés.
j) Laissez les torsades refroidir complètement avant de servir.

23.Dandies danois (Danske Smakager)

INGRÉDIENTS:
- ½ tasse de beurre
- ½ tasse de shortening
- ¾ tasse de sucre
- ½ cuillère à café de sel
- ½ cuillère à café de vanille
- ½ cuillère à café d'extrait de citron
- 3 œufs durs, tamisés
- 2 tasses de farine tamisée
- Sirop de maïs
- Noix hachées

INSTRUCTIONS:
a) Battre ensemble le beurre, le shortening et le sucre jusqu'à consistance légère et mousseuse.
b) Ajouter le sel, la vanille, l'extrait de citron et les œufs durs tamisés. Bien mélanger.
c) Incorporer la farine tamisée et mélanger jusqu'à ce que le tout soit bien mélangé.
d) Avec vos mains, formez des petites boules de pâte et déposez-les sur une plaque à pâtisserie.
e) Faites une empreinte au centre de chaque biscuit avec votre pouce ou le dos d'une cuillère.
f) Remplissez chaque empreinte avec une petite quantité de sirop de maïs et saupoudrez dessus de noix hachées.
g) Cuire au four préchauffé selon la recette des biscuits ou jusqu'à ce que les bords soient dorés.
h) Laissez les biscuits refroidir sur la plaque à pâtisserie pendant quelques minutes avant de les transférer sur une grille pour qu'ils refroidissent complètement.

24. Apéritifs suédois aux boulettes de viande

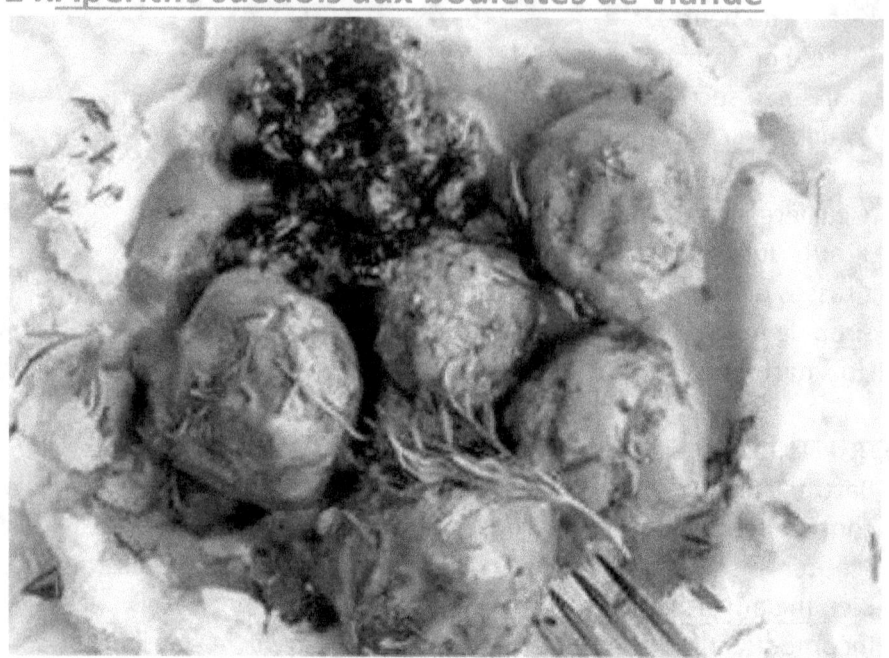

INGRÉDIENTS:
- 2 cuillères à soupe d'huile de cuisson
- 1 livre de bœuf haché
- 1 oeuf
- 1 tasse de chapelure molle
- 1 cuillère à café de cassonade
- ½ cuillère à café de sel
- ¼ cuillère à café de poivre
- ¼ cuillère à café de gingembre
- ¼ cuillère à café de clous de girofle moulus
- ¼ cuillère à café de muscade
- ¼ cuillère à café de cannelle
- ⅔ tasse de lait
- 1 tasse de crème sure
- ½ cuillère à café de sel

INSTRUCTIONS:

a) Faites chauffer l'huile de cuisson dans une poêle. Mélanger tous les ingrédients restants, sauf la crème sure et ½ c. sel.

b) Former des boulettes de viande de la taille d'un apéritif (environ 1" de diamètre). Faire dorer dans l'huile de cuisson de tous les côtés jusqu'à ce qu'elles soient complètement cuites.

c) Retirer de la poêle et égoutter sur du papier absorbant. Retirez l'excès de graisse et laissez refroidir légèrement la poêle. Ajoutez une petite quantité de crème sure pour battre le brunissement et remuez. Ajoutez ensuite le reste de la crème sure et ½ c. saler, en remuant pour mélanger.

25. Noix sucrées norvégiennes

INGRÉDIENTS:
- 1 blanc d'oeuf
- 1½ cuillères à café d'eau
- 3 tasses de noix mélangées salées
- 1 tasse de sucre mélangé avec ½ cuillère à café de cannelle

INSTRUCTIONS:
a) Dans un bol, mélanger le blanc d'œuf et l'eau en battant légèrement. Ajoutez les noix et bien les enrober.
b) Incorporer le mélange combiné de sucre et de cannelle aux noix enrobées.
c) Disposez le mélange de noix en une seule couche sur un papier brun BIEN GRAISSÉ sur un moule à gelée.
d) Cuire au four préchauffé à 350 degrés Fahrenheit pendant 25 à 30 minutes, en remuant une ou deux fois pendant la cuisson.
e) Retirer du papier une fois refroidi. Profitez de vos noix sucrées norvégiennes !

26.Escargots danois

INGRÉDIENTS:
- ½ lot de pâtisserie danoise
- ½ bâton de beurre
- ½ tasse de cassonade légère
- ¾ tasse de pacanes ou de noix hachées
- Cannelle
- Dorure aux œufs
- Glaçage à l'eau

INSTRUCTIONS:
a) Abaisser la pâte en un rectangle de 12 x 20 pouces.
b) Tartiner de beurre ramolli et saupoudrer de cassonade, de pacanes et de cannelle.
c) Rouler sur le côté de 20 pouces et couper en 12 morceaux.
d) Placer les morceaux, côté coupé vers le haut, dans des moules à muffins recouverts de moules à muffins en papier.
e) Epreuve 50% et dorure.
f) Cuire au four à 375 degrés pendant environ 25 minutes.
g) Laisser refroidir et arroser d'eau glacée.

27. Barres norvégiennes aux amandes

INGRÉDIENTS:
BASE:
- 1¾ tasses de farine tout usage
- ¾ tasse de sucre
- 1 cuillère à café de levure chimique
- ½ tasse de flocons de purée de pommes de terre
- ½ cuillère à café de cannelle
- ½ cuillère à café de sel
- ¾ tasse de margarine ou de beurre ramolli
- ½ cuillère à café de Cardamome
- 1 oeuf

REMPLISSAGE:
- 1¼ tasse de sucre en poudre
- ½ tasse d'eau
- 1 tube (7 oz) de pâte d'amande

INSTRUCTIONS:
a) Chauffez le four à 375 degrés Fahrenheit.
b) Verser légèrement la farine dans une tasse à mesurer; se stabiliser. Dans un grand bol, mélanger la farine et le reste des ingrédients de base; mélanger jusqu'à ce que des miettes se forment.
c) Presser la moitié du mélange dans un moule non graissé de 13 x 9 pouces. Réservez le reste du mélange pour la garniture.
d) Dans un grand bol, mélanger tous les ingrédients de la garniture et bien mélanger.
e) Étalez la garniture sur la base et saupoudrez le mélange réservé sur la garniture.
f) Cuire au four à 375 degrés pendant 25 à 30 minutes ou jusqu'à ce qu'ils soient légèrement dorés.
g) Laisser refroidir complètement et couper en barres.
h) Savourez vos délicieuses barres norvégiennes aux amandes !

28.Boulettes de poulet norvégiennes

INGRÉDIENTS :
- 1 livre de poulet haché
- 4½ cuillère à café de fécule de maïs ; divisé
- 1 œuf large
- 2¼ tasse de bouillon de poulet ; divisé
- ¼ cuillère à café de sel
- ½ cuillère à café de zeste de citron fraîchement râpé
- 2 cuillères à soupe d'aneth frais haché ; divisé
- 4 onces de fromage Gjetost ; couper en dés de 1/4 de pouce
- 4 tasses de nouilles aux œufs cuites chaudes

INSTRUCTIONS :

a) Battre l'œuf ; ajoutez à peine ¼ tasse de bouillon et 1¼ cuillère à café de fécule de maïs. Remuer jusqu'à consistance lisse. Ajouter le zeste de citron et 1 cuillère à soupe d'aneth frais. Ajouter le poulet haché à ce mélange.

b) Faites mijoter deux tasses de bouillon dans une poêle à frire de 10 ou 12 pouces.

c) Déposez délicatement des cuillères à soupe du mélange de poulet dans le bouillon frémissant.

d) Préparer la sauce : Mélanger 1 cuillère à soupe de fécule de maïs restante dans 2 cuillères à soupe d'eau froide. Incorporer au bouillon frémissant et cuire quelques minutes jusqu'à épaississement. Ajouter le fromage coupé en dés et remuer constamment jusqu'à ce que le fromage fonde.

e) Pendant que le poulet cuit, préparez les nouilles et gardez-les au chaud.

f) Remettre les boulettes de poulet dans la sauce.

29. Boulettes de viande norvégiennes en gelée de raisin

INGRÉDIENTS:
- 1 tasse de chapelure ; doux
- 1 tasse de lait
- 2 livres de bœuf haché
- ¾ livres de porc haché ; maigre
- ½ tasse d'oignon ; haché finement
- 2 oeufs; battu
- 2 cuillères à café de sel
- 1 cuillère à café de poivre
- ½ cuillère à café de muscade
- ½ cuillère à café de piment de la Jamaïque
- ½ cuillère à café de Cardamome
- ¼ cuillère à café de gingembre
- 2 cuillères à soupe de jus de bacon ; ou huile de salade
- 8 onces de gelée de raisin

INSTRUCTIONS:
a) Faire tremper la chapelure dans le lait pendant une heure. Mélanger le bœuf haché, le porc et l'oignon. Ajouter les œufs, le lait et le mélange de chapelure. Ajoutez du sel, du poivre et des épices.
b) Bien mélanger et fouetter à la fourchette. Réfrigérer une à deux heures. Façonner en petites boules, rouler dans la farine et faire revenir dans le jus de bacon ou l'huile. Secouez la poêle ou une poêle épaisse pour rouler les boulettes de viande dans la graisse chaude.
c) Placer dans une mijoteuse avec 1 grand pot de gelée de raisin et cuire à feu doux pendant une heure.

BISCUITS

30. Mélange à biscuits Chapeau de Napoléon

INGRÉDIENTS:
- 2 tasses de farine tout usage
- ¼ cuillère à café de sel
- ¾ tasse de beurre ou de margarine
- ½ tasse) de sucre
- 2 jaunes d'œufs
- 1 cuillère à café de vanille
- 2 blancs d'œufs
- ¼ cuillère à café de crème de tartre
- ⅓ tasse de sucre en poudre, tamisé
- 1 tasse d'amandes moulues

INSTRUCTIONS:

a) Mélanger la farine et le sel; mettre de côté. Dans un grand bol à mélanger, utilisez un batteur électrique pour battre le beurre ou la margarine à vitesse moyenne pendant 30 secondes. Ajouter le sucre et battre jusqu'à consistance mousseuse. Incorporer les jaunes d'oeufs et la vanille en battant bien.

b) Ajouter les ingrédients secs au mélange battu et continuer à battre jusqu'à ce que le tout soit bien mélangé.

c) Couvrir la pâte et réfrigérer 1 heure. Pour la garniture à la pâte d'amande : Dans un petit bol, battre les blancs d'œufs et la crème de tartre jusqu'à formation de pics mous (les pointes s'enroulent). Ajoutez progressivement le sucre en poudre tamisé en battant jusqu'à formation de pics fermes (les pointes restent droites). Incorporer délicatement les amandes moulues et réserver.

d) Sur une surface légèrement farinée, étalez la pâte jusqu'à ⅛" d'épaisseur. Coupez en cercles de 3". Placez environ 1 cuillère à café bombée de garniture aux amandes au centre de chaque cercle. Pliez et pincez trois côtés pour créer un chapeau à trois coins, laissant le haut de la garniture exposé.

e) Disposez les biscuits formés à 2" l'un de l'autre sur une plaque à biscuits non graissée.

f) Cuire au four à 375 degrés pendant 10 à 12 minutes. Retirer et laisser refroidir sur une grille.

31. Fattigmann (biscuits de Noël norvégiens)

INGRÉDIENTS :

- 10 jaunes d'œufs
- 2 blancs d'œufs
- ¾ tasse de sucre
- ¼ tasse de cognac
- 1 tasse de crème épaisse
- 5 tasses de farine tout usage tamisée
- 2 cuillères à café de cardamome moulue
- Saindoux à frire

INSTRUCTIONS :

a) Battre les jaunes d'œufs, les blancs d'œufs, le sucre et le cognac jusqu'à obtenir une consistance très épaisse. Ajouter progressivement la crème en remuant bien.

b) Tamiser ensemble la farine et la cardamome ; ajouter environ ½ tasse à la fois au mélange d'œufs, en mélangeant bien après chaque ajout. Envelopper la pâte et réfrigérer toute la nuit.

c) Chauffer le saindoux à 365 à 370 degrés dans une casserole profonde.

d) Abaisser la pâte en petites portions de 1/16 de pouce d'épaisseur sur une surface farinée.

e) À l'aide d'un couteau fariné ou d'une roulette à pâtisserie, coupez la pâte en losanges de 5" x 2" ; faites une fente dans le sens de la longueur au centre de chaque diamant. Tirez le bout d'une extrémité à travers chaque fente et rentrez-le sous lui-même.

f) Faire frire pendant 1 à 2 minutes ou jusqu'à ce qu'ils soient dorés, en les retournant une fois.

g) Égoutter et laisser refroidir.

h) Saupoudrer les biscuits de sucre glace. Conserver dans des contenants bien couverts. Savourez votre Fattigmann, une délicieuse friandise de Noël traditionnelle norvégienne !

32. Croissants de Noël suédois

INGRÉDIENTS:
- 1 tasse de beurre
- 2 cuillères à soupe d'amandes moulues
- 1 tasse de sucre en poudre
- 2 tasses de farine
- 1 cuillère à café de vanille
- ¼ tasse de sucre en poudre (pour saupoudrer)
- ½ cuillère à café de sel
- 2 cuillères à café de cannelle

INSTRUCTIONS:
a) Crémer le beurre et le sucre ensemble.
b) Incorporer la vanille, le sel et la poudre d'amandes.
c) Incorporer progressivement la farine.
d) Façonnez la pâte en croissants en utilisant une cuillère à café arrondie pour chacun.
e) Saupoudrer les croissants d'un mélange de sucre en poudre et de cannelle.
f) Cuire au four sur des plaques à biscuits non graissées dans un four préchauffé à 325 °F (165 °C) pendant 15 à 18 minutes ou jusqu'à ce que les bords soient légèrement dorés.

33. Pepparkakor (biscuits suédois au gingembre)

INGRÉDIENTS:
- ½ tasse de mélasse
- ½ tasse) de sucre
- ½ tasse de beurre
- 1 œuf bien battu
- 2½ tasses de farine tout usage tamisée
- ¼ cuillère à café de sel
- ¼ cuillère à café de bicarbonate de soude
- ½ cuillère à café de gingembre
- ½ cuillère à café de cannelle

INSTRUCTIONS:
a) Faites chauffer la mélasse dans une petite casserole jusqu'à ébullition, puis faites bouillir pendant 1 minute.
b) Ajouter le sucre et le beurre en remuant jusqu'à ce que le beurre soit fondu. Laissez le mélange refroidir.
c) Incorporer l'œuf bien battu.
d) Tamisez ensemble la farine, le sel, le bicarbonate de soude et les épices. Ajouter ce mélange au premier mélange et bien mélanger.
e) Couvrez hermétiquement le bol et réfrigérez la pâte toute la nuit.
f) Étalez la pâte une partie à la fois sur un torchon légèrement fariné. Étalez-le finement.
g) Découpez la pâte selon les formes désirées.
h) Cuire au four à four modéré (350°F) pendant 6 à 8 minutes.

34. Biscuits suédois au pouce

INGRÉDIENTS:
- ½ tasse de beurre
- 1 tasse de sucre
- 2 cuillères à café de cassonade
- 1 jaune d'oeuf, non battu
- 1½ Cubes (Remarque : Il se peut qu'il s'agisse d'un ingrédient manquant. Veuillez vérifier.)
- 1⅓ tasse de farine tout usage, tamisée
- Carbonate d'ammoniac (quantité non précisée)

INSTRUCTIONS:
a) Crémer le beurre, ajouter le sucre progressivement et crémer jusqu'à consistance légère.
b) Ajouter le jaune d'œuf et bien mélanger.
c) Écrasez les cubes d'ammoniaque et tamisez avec la farine.
d) Ajoutez suffisamment de farine pour obtenir une pâte ferme. La pâte doit craquer lorsque le pouce est enfoncé.
e) Formez des boules et poussez au centre avec le pouce.
f) Cuire à four lent (250 degrés) pendant 30 minutes.

35.Biscuits suédois à l'avoine

INGRÉDIENTS:
PÂTE À BISCUITS :
- ¾ tasse de farine tout usage
- ½ cuillère à café de soda
- ½ cuillère à café de sel de cristal de diamant
- ½ tasse) de sucre
- ⅓ tasse de sucre
- ¼ tasse de beurre Land O'Lake (ou de margarine)
- ½ tasse de cassonade
- ½ tasse de shortening
- 1 gros œuf non battu
- ½ cuillère à café de vanille
- 1½ tasse de flocons d'avoine
- 1 cuillère à soupe de sirop de maïs léger
- ¼ tasse d'amandes blanchies, hachées
- ¼ cuillère à café d'extrait d'amande

GARNITURE AUX AMANDES :
- ¼ tasse) de sucre
- 1 cuillère à soupe de beurre
- 1 cuillère à soupe de sirop de maïs léger
- ¼ tasse d'amandes blanchies, hachées
- ¼ cuillère à café d'extrait d'amande

INSTRUCTIONS :
a) Tamisez ensemble la farine, le soda et le sel. Mettre de côté.
b) Ajoutez progressivement le sucre et la cassonade au shortening, en crémant bien.
c) Incorporer les œufs et la vanille en battant bien.
d) Ajouter les ingrédients secs, puis les flocons d'avoine et bien mélanger.
e) Déposer par cuillerées à café sur des plaques à biscuits non graissées.
f) Cuire au four à 350 degrés pendant 8 minutes.
g) Retirer du four et placer une petite demi-cuillère à café de garniture aux amandes au centre, en appuyant légèrement.
h) Cuire au four encore 6 à 8 minutes jusqu'à ce que les biscuits soient dorés.
i) Laisser refroidir 1 minute avant de retirer de la plaque à biscuits.

GARNITURE AUX AMANDES :
j) Mélanger le sucre, le beurre et le sirop de maïs léger dans une casserole; porter à ébullition.
k) Retirer du feu.
l) Incorporer les amandes et l'extrait d'amande.

36. Biscuits au beurre suédois

INGRÉDIENTS:
- ½ tasse de beurre
- ¼ tasse) de sucre
- 1½ cuillère à café de zeste de citron finement râpé
- ¼ cuillère à café de vanille
- 1 tasse de farine tout usage
- 4 onces de chocolat mi-sucré (4 carrés)
- 2 cuillères à soupe de shortening

INSTRUCTIONS:

a) Battre le beurre au batteur électrique pendant 30 secondes.
b) Ajouter le sucre, le zeste de citron et la vanille ; battre jusqu'à ce que le tout soit combiné.
c) Incorporez autant de farine que possible avec le batteur, en raclant les parois du bol de temps en temps.
d) Incorporer le reste de la farine. Couvrir et réfrigérer pendant 1 heure ou jusqu'à ce que la pâte soit facile à manipuler.
e) Abaisser la pâte sur une surface légèrement farinée jusqu'à une épaisseur de ⅛ à ¼ de pouce.
f) Utilisez un emporte-pièce de 2 pouces pour découper la pâte. Placez les découpes à 1 pouce d'intervalle sur une plaque à biscuits non graissée.
g) Cuire au four à 375°F pendant 5 à 7 minutes, jusqu'à ce que les bords commencent à dorer.
h) Laisser refroidir 1 minute sur la plaque à biscuits, puis déposer les biscuits sur une grille pour les laisser refroidir.
i) Faites chauffer le chocolat et le shortening dans une casserole à feu doux, en remuant de temps en temps.
j) Trempez une partie de chaque biscuit dans le mélange chocolaté.
k) Laisser refroidir sur du papier ciré pendant 30 minutes ou jusqu'à ce que le chocolat prenne. Si nécessaire, refroidissez les biscuits jusqu'à ce que le chocolat prenne.

37. Biscuits suédois Spritz

INGRÉDIENTS:
- 2 tasses de beurre
- 1½ tasse de sucre
- 1 oeuf
- 1 cuillère à café de vanille
- 4½ tasses de farine

INSTRUCTIONS:
a) Bien mélanger le beurre et le sucre.
b) Ajoutez l'œuf et la vanille (ou d'autres arômes).
c) Ajoutez progressivement la farine et mélangez bien.
d) Utilisez un disque étoilé avec une presse à biscuits pour façonner la pâte en petites couronnes.
e) Cuire au four à 400°F pendant 7 à 10 minutes. Les cookies doivent être pris mais pas bruns.
f) Profitez de vos biscuits suédois Spritz !

38. Biscuits suédois au gingembre

INGRÉDIENTS:
- 1 tasse de beurre
- 1½ tasse de sucre
- 1 œuf large
- 1½ cuillères à soupe de zeste d'orange râpé
- 2 cuillères à soupe de sirop de maïs noir
- 1 cuillère à soupe d'eau
- 3¼ tasses de farine tout usage non blanchie
- 2 cuillères à café de bicarbonate de soude
- 2 cuillères à café de cannelle
- 1 cuillère à café de gingembre moulu (ou plus au goût)
- ½ cuillère à café de clous de girofle moulus

INSTRUCTIONS:
a) Crémer le beurre et le sucre jusqu'à consistance légère.
b) Ajouter l'œuf, le zeste d'orange, le sirop de maïs et l'eau en mélangeant bien.
c) Tamisez ensemble les ingrédients secs et ajoutez-les au mélange de beurre.
d) Refroidissez soigneusement la pâte.
e) Étalez-le très finement, environ ⅛ de pouce, et coupez-le avec des emporte-pièces.
f) Cuire au four sur des plaques à biscuits non graissées dans un four préchauffé à 350 °F (175 °C) pendant 8 à 10 minutes. Ne faites pas trop cuire, sinon les cookies brûleront.

39. Biscuits suédois au gingembre et à l'orange

INGRÉDIENTS:
- 1½ bâtonnets de beurre non salé
- 1 tasse de cassonade
- 1 œuf large
- 2 cuillères à soupe plus 1 cuillère à café de mélasse
- 1 cuillère à soupe de jus d'orange
- 1 cuillère à soupe de zeste d'orange finement râpé
- 2¾ à 3 tasses de farine
- 1 cuillère à café de bicarbonate de soude
- ½ cuillère à café de clous de girofle moulus
- 2 cuillères à café de cannelle moulue
- 2 cuillères à café de gingembre moulu

INSTRUCTIONS:
a) Battre ensemble le beurre et le sucre jusqu'à consistance légère.
b) Battre 1 œuf et incorporer la mélasse, le jus d'orange et le zeste.
c) Tamisez ensemble les ingrédients secs et mélangez-les aux ingrédients humides pour obtenir une pâte molle et lisse, en ajoutant plus de farine si la pâte est trop collante.
d) Pétrir la pâte trois fois sur une planche légèrement farinée.
e) Préchauffer le four à 350 degrés F.
f) Façonnez la pâte en 3 bûches d'environ 8 pouces de long. Envelopper dans une pellicule plastique et réfrigérer au moins 1 heure ou toute la nuit.
g) Coupez les bûches en minces cercles de moins de ⅛ de pouce d'épaisseur.
h) Placer sur des plaques à pâtisserie légèrement graissées.
i) Faites cuire les biscuits pendant environ 8 à 10 minutes.
j) Retirer du four et transférer les biscuits sur une grille pour les laisser refroidir.

40. Biscuits norvégiens à la mélasse

INGRÉDIENTS:
BISCUITS:
- 2½ tasses de farine tout usage
- 2 cuillères à café de bicarbonate de soude
- 1 tasse de cassonade claire, bien tassée
- ¾ tasse de margarine FLEISCHMANN'S, ramollie
- ¼ tasse de BATEURS À OEUFS 99 % de vrais œufs
- 1 tasse de sucre glace
- ¼ tasse de mélasse GRER RABBIT claire ou foncée
- ¼ tasse de sucre cristallisé
- Eau
- Des pépites colorées (facultatif)

GLAÇAGE AU SUCRE DES PÂTISEURS :
- 6 cuillères à café de lait écrémé
- Sucre glace (à consistance désirée)

INSTRUCTIONS:
BISCUITS:
a) Dans un petit bol, mélanger la farine et le bicarbonate de soude. mettre de côté.
b) Dans un bol moyen, avec un batteur électrique à vitesse moyenne, crémer la cassonade et la margarine. Ajouter les œufs et la mélasse ; battre jusqu'à obtenir une consistance lisse.
c) Incorporer le mélange de farine. Couvrir et réfrigérer la pâte pendant 1 heure.
d) Façonner la pâte en boules de 48 (1¼") ; rouler dans le sucre cristallisé.
e) Placer sur des plaques à pâtisserie graissées et farinées, espacées d'environ 2". Saupoudrer légèrement la pâte d'eau.
f) Cuire au four à 350 °F pendant 18 à 20 minutes ou jusqu'à ce qu'il soit aplati.
g) Retirer des feuilles et laisser refroidir sur des grilles.
h) Décorer avec du glaçage au sucre des confiseurs et des pépites colorées si vous le souhaitez.

GLAÇAGE AU SUCRE DES PÂTISEURS :
i) Dans un bol, mélanger le lait écrémé avec le sucre glace pour obtenir la consistance de glaçage désirée.

41. Croissants suédois aux amandes

INGRÉDIENTS:
- ½ tasse (1 bâton) de margarine
- ⅓ tasse de sucre
- ½ cuillère à café d'extrait d'amande
- 1⅔ tasse de farine tout usage
- ⅔ tasse d'amandes moulues ou hachées très finement
- ¼ tasse d'eau
- ⅓ tasse de sucre en poudre ou sucre glace

INSTRUCTIONS:
a) Préchauffer le four à 375°F. Vaporiser les plaques à biscuits d'enduit à cuisson ou recouvrir de papier d'aluminium. Mettre de côté.
b) À l'aide d'un batteur électrique à vitesse moyenne, battre la margarine, le sucre et l'extrait d'amande jusqu'à consistance mousseuse.
c) Ajouter la farine, les noix et l'eau au mélange crémeux et mélanger à vitesse moyenne pour bien mélanger.
d) Étalez la pâte sur une planche légèrement farinée, pétrissez légèrement et divisez-la en 24 portions de 1 cuillère à soupe chacune.
e) Façonnez chaque portion en un rouleau d'environ 4 pouces de long avec des extrémités effilées. Formez des croissants avec les rouleaux et placez-les sur les plaques à biscuits préparées.
f) Cuire au four de 8 à 10 minutes ou jusqu'à ce que le fond soit légèrement doré.
g) Saupoudrez les croissants chauds de sucre en poudre et placez-les sur des grilles pour les laisser refroidir à température ambiante.
h) Conserver dans un contenant hermétique ou congeler jusqu'à ce que vous en ayez besoin.

SAUCISSES

42. Saucisse de foie danoise

INGRÉDIENTS:
- 4 livres de foie de porc cuit finement haché (bouilli)
- 1 livre de bacon haché fin
- 2 tasses d'oignons émincés
- 1½ tasse de lait
- 1½ tasse de lait évaporé
- ½ tasse de farine de pomme de terre
- 6 oeufs battus
- 3 cuillères à café de poivre noir
- 2 cuillères à soupe de sel
- 1 cuillère à café de clous de girofle moulus
- 1 cuillère à café de piment de la Jamaïque

INSTRUCTIONS:

a) Préparez une sauce avec le lait et la farine de pomme de terre et faites cuire jusqu'à consistance épaisse.
b) Mélanger tous les ingrédients.
c) Laisser mijoter dans l'eau salée pendant environ 20 minutes.
d) Réfrigérer 24 heures avant utilisation.
e) Fendez la saucisse et utilisez-la comme une tartinade.

43. Saucisse de porc danoise

INGRÉDIENTS:
- 5 livres de mégot de porc finement haché
- 5 cuillères à café de sel
- ¼ cuillères à café de piment de la Jamaïque
- 2 cuillères à café de poivre blanc
- ¼ cuillères à café de clous de girofle
- 1 cuillère à café de cardamome
- 1 gros oignon émincé
- 1 tasse de bouillon de bœuf froid

INSTRUCTIONS:

a) Mélanger tous les ingrédients, bien mélanger et farcir dans le boyau de porc.

44. Saucisse de pomme de terre suédoise

INGRÉDIENTS:
- 1 petit oignon, coupé
- 1 cuillère à soupe de sel
- 1½ cuillères à café de poivre noir
- 1 cuillère à café de piment de la Jamaïque
- 1 tasse de lait sec écrémé
- 1 tasse d'eau
- 6 tasses de pommes de terre, parées et coupées
- 1½ livre de bœuf maigre
- 1 livre de porc maigre
- 1 boyau à saucisse

INSTRUCTIONS:

a) Broyez la viande, les pommes de terre et les oignons dans une plaque de hachoir de ⅜" et placez-les dans un mixeur.
b) Ajouter tous les autres ingrédients avec l'eau et bien mélanger.
c) Après cette procédure, rebroyez à nouveau à travers la plaque ⅜".
d) Mettre dans un boyau de porc de 35 à 38 mm.

45.danois Cornes d'Oxford

INGRÉDIENTS:
- 5 livres de mégot de porc haché grossièrement
- 1½ cuillères à soupe de sauge
- 1½ cuillères à café de thym
- 1½ cuillères à café de marjolaine
- zeste de citron entier râpé
- 1½ cuillères à café de muscade
- 4 cuillères à café de sel
- 2 cuillères à café de poivre noir
- 3 oeufs
- 1 tasse d'eau

INSTRUCTIONS:

a) Mélanger tous les ingrédients, bien mélanger et farcir dans le boyau de porc.

b) Pour cuire, poêler ou griller.

46.Saucisse norvégienne

INGRÉDIENTS:
- 3 livres de paleron de bœuf haché grossièrement
- 2 livres de mégot de porc haché grossièrement
- 1½ cuillères à soupe de sel
- 4 oignons moyens, râpés
- 1 cuillère à soupe de poivre noir
- 2½ cuillères à café de muscade
- 1 tasse d'eau froide

INSTRUCTIONS:

a) Mélanger tous les ingrédients, bien mélanger et farcir dans le boyau de porc.

b) Pour cuisiner, cuire au four ou frire.

PLAT PRINCIPAL

47. Lasagne suédoise Janssons Frestelse

INGRÉDIENTS:
- 9 nouilles à lasagne
- 4 pommes de terre de taille moyenne, pelées et tranchées finement
- 2 oignons, tranchés finement
- 8 onces de filets d'anchois, égouttés et hachés
- 1 tasse de crème épaisse
- ½ tasse de chapelure
- 2 cuillères à soupe de beurre
- Sel et poivre au goût
- Persil frais haché pour la garniture

INSTRUCTIONS:
a) Préchauffez votre four à 375 °F (190 °C) et graissez légèrement un plat allant au four de 9 x 13 pouces.
b) Faites cuire les nouilles à lasagne selon les instructions sur l'emballage. Égoutter et réserver.
c) Dans une grande poêle, faire fondre le beurre à feu moyen. Ajouter les oignons émincés et faire revenir jusqu'à ce qu'ils soient translucides.
d) Disposez la moitié des tranches de pommes de terre dans le plat allant au four graissé, suivie de la moitié des oignons sautés et de la moitié des filets d'anchois hachés.
e) Répétez les couches avec le reste des pommes de terre, des oignons et des anchois.
f) Versez la crème épaisse sur les couches en veillant à ce qu'elle soit uniformément répartie.
g) Assaisonnez avec du sel et du poivre selon votre goût.
h) Couvrir le plat de cuisson de papier d'aluminium et cuire au four pendant 45 minutes.
i) Retirez le papier d'aluminium et saupoudrez uniformément la chapelure sur le dessus.
j) Cuire au four encore 10 à 15 minutes ou jusqu'à ce que la chapelure soit dorée et croustillante.
k) Laissez-le refroidir quelques minutes avant de servir.
l) Garnir de persil frais haché avant de servir.

48. Rôti de veau suédois à l'aneth

INGRÉDIENTS:
- 1 cuillère à soupe de beurre ou de margarine
- 1 rôti d'épaule ou de cuisse de veau désossé, roulé et ficelé (3 lb)
- 8 onces de champignons ; en quartiers
- 24-36 très petites carottes ou 6-8 med. carottes
- 2 cuillères à soupe d'aneth frais haché ou 2 c. aneth sec
- ⅛ cuillère à café de poivre blanc moulu
- ¼ tasse de jus de citron
- ½ tasse de vin blanc sec
- 3 cuillères à soupe de fécule de maïs
- ⅓ tasse de crème fouettée
- Sel, au goût
- Torsade de zeste de citron
- Brins d'aneth

INSTRUCTIONS:

a) Faire fondre le beurre dans une grande poêle antiadhésive à feu moyen-vif.
b) Ajouter le veau et bien le faire dorer de tous les côtés, puis placer dans une mijoteuse électrique de 4 litres ou plus.
c) Entourez le veau de champignons et de carottes (si vous utilisez des carottes de taille moyenne, coupez-les d'abord en deux sur la largeur, puis coupez-les en quatre dans le sens de la longueur).
d) Saupoudrer d'aneth haché et de poivre blanc. Versez le jus de citron et le vin.
e) Couvrir et cuire à feu doux jusqu'à ce que le veau soit très tendre une fois percé (7½ à 9 heures).
f) Soulevez délicatement le veau dans un plat profond et chaud.
g) À l'aide d'une écumoire, retirer les carottes et les champignons de la cuisinière et les disposer autour du veau; Garder au chaud.
h) Dans un petit bol, mélanger la fécule de maïs et la crème; mélanger au liquide dans la mijoteuse.
i) Augmentez le réglage de la chaleur de la cuisinière à un niveau élevé ; couvrir et cuire en remuant 2 ou 3 fois jusqu'à ce que la sauce épaississe (15 à 20 minutes supplémentaires).
j) Assaisonnez avec du sel.
k) Pour servir, retirer et jeter les ficelles du veau. Trancher dans le sens du grain.
l) Verser un peu de sauce sur le veau et les légumes; si désiré, garnir de zeste de citron et de brins d'aneth. Servir le reste de la sauce dans un bol ou un pichet pour ajouter du goût.

49. Hamburgers aux oignons, à la suédoise

INGRÉDIENTS:
- 1½ livre de bœuf haché
- 3 cuillères à soupe de beurre
- 3 oignons jaunes ; découpé en tranches
- 1 poivron vert ; en anneaux
- Sel et poivre
- Pommes de terre persillées; concombres marinés (facultatif)

INSTRUCTIONS:
a) Façonnez le bœuf haché en 4 ou 5 galettes en le manipulant le moins possible.
b) Dans une poêle, faire fondre la moitié du beurre.
c) Ajouter les oignons émincés et faire revenir à feu doux jusqu'à ce qu'ils soient dorés.
d) Ajouter les rondelles de poivron et ½ tasse d'eau bouillante.
e) Assaisonner avec du sel et du poivre au goût, retirer du feu et réserver au chaud.
f) Assaisonnez les galettes de bœuf des deux côtés.
g) Dans la même poêle, faire revenir les galettes dans le reste du beurre jusqu'à ce qu'elles atteignent la cuisson désirée.
h) Garnir chaque galette du mélange d'oignons.
i) Servir avec des pommes de terre persillées et des concombres marinés si désiré.

50. Saumon poché de Norvège au beurre d'anchois

INGRÉDIENTS:
- 1½ cuillères à soupe de beurre non salé, ramolli
- 1½ cuillères à soupe de feuilles de persil frais hachées
- ¾ cuillère à café de pâte d'anchois ou de purée de filet d'anchois
- 1 oignon, tranché
- ⅓ tasse de vinaigre blanc distillé
- ¼ tasse) de sucre
- ½ cuillère à café de poivre noir
- 1 cuillère à café de graines de coriandre
- ½ cuillère à café de graines de moutarde
- 1 cuillère à café de sel
- Deux steaks de saumon de 1 pouce d'épaisseur (chacun environ 1/2 livre)

INSTRUCTIONS:

a) Dans un petit bol, bien mélanger le beurre, le persil émincé, la pâte d'anchois et le poivre noir fraîchement moulu au goût. Réserver le beurre d'anchois, couvert.

b) Dans une casserole, mélanger l'oignon émincé, le vinaigre, le sucre, les grains de poivre, les graines de coriandre, les graines de moutarde, le sel et 4 tasses d'eau. Portez le mélange à ébullition et laissez mijoter 15 minutes.

c) Passer le mélange au tamis fin dans une poêle profonde et épaisse juste assez grande pour contenir le saumon en une seule couche.

d) Ajoutez le saumon au liquide de pochage, portez-le à ébullition et pochez-le à couvert pendant 8 à 10 minutes ou jusqu'à ce qu'il se défasse.

e) Disposez les pavés de saumon dans des assiettes à l'aide d'une spatule à fentes en laissant égoutter le liquide de pochage.

f) Répartissez le beurre d'anchois réservé entre les pavés de saumon.

51.Pain de viande suédois

INGRÉDIENTS:
- 1 tasse de soupe crème de champignons
- 1½ livre de bœuf haché
- 1 oeuf; légèrement battu
- ½ tasse de chapelure, finement sèche
- ¼ cuillère à café de muscade moulue
- ½ tasse de crème sure

INSTRUCTIONS:
a) Dans un bol à mélanger, bien mélanger le bœuf haché, l'œuf, la chapelure, la muscade et ⅓ tasse de soupe à la crème de champignons.
b) Façonnez fermement le mélange en forme de pain et placez-le dans un plat peu profond allant au four.
c) Cuire au four à 350 degrés pendant 1 heure.
d) Pendant que le pain de viande cuit, mélangez le reste de la crème de champignons avec la crème sure dans une casserole.
e) Faites chauffer la sauce en remuant de temps en temps.
f) Servir la sauce sur le pain de viande cuit.
g) Saupoudrer de muscade supplémentaire pour plus de saveur.
h) Garnir de tranches de concombre si désiré.

52.Rôti de bœuf à l'aneth suédois

INGRÉDIENTS:

- ¾ tasse de chou rouge, tranché finement comme du papier
- 1 cuillère à café de vinaigre de framboise ou de vin rouge
- Huile végétale
- Sel et poivre fraîchement moulu
- 1 cuillère à soupe de crème de raifort préparée
- 2 tortillas au lefse ou à la farine
- 1 cuillère à soupe d'aneth frais émincé
- 2 grosses feuilles de laitue Boston
- 3 à 4 onces de rôti de bœuf tranché finement

INSTRUCTIONS:

a) Mélanger le chou avec le vinaigre, l'huile végétale, le sel et le poivre au goût.
b) Étaler la crème au raifort sur les tortillas au lait ou à la farine; saupoudrer d'une petite quantité d'aneth.
c) Garnir de laitue, de rosbif, de chou et du reste de l'aneth.
d) Roulez comme un burrito.

53. Gravlax (saumon suédois salé au sucre et au sel)

INGRÉDIENTS :
- 2 filets de saumon coupés au centre ; environ 1 livre chacun, avec la peau laissée
- ⅔ tasse de sucre
- ⅓ tasse de gros sel
- 15 grains de poivre blanc grossièrement concassés
- 1 gros bouquet d'aneth
- 3 cuillères à soupe de moutarde de Dijon
- 1 cuillère à soupe de sucre
- 1 cuillère à soupe de vinaigre
- Sel et poivre blanc moulu, au goût
- ½ tasse d'huile végétale
- ½ tasse d'aneth frais haché

SAUCE MOUTARDE ET ANETH :
- 3 cuillères à soupe de moutarde de Dijon
- 1 cuillère à soupe de sucre
- 1 cuillère à soupe de vinaigre
- Sel et poivre blanc moulu, au goût
- ½ tasse d'huile végétale
- ½ tasse d'aneth frais haché

INSTRUCTIONS:
a) Retirez tous les petits os des filets avec une pince à épiler ou une pince à bec effilé.
b) Mélangez le sucre, le sel et le poivre dans un bol.
c) Couvrir le fond d'un plat allant au four avec ⅓ de l'aneth.
d) Frotter la moitié du mélange sucre-sel sur le premier filet, des deux côtés, et le déposer côté peau sur l'aneth.
e) Couvrir avec ⅓ d'aneth.
f) Préparez l'autre filet de saumon de la même manière et recouvrez-le du reste de filet, peau vers le haut, avec le reste d'aneth dessus.
g) Couvrir d'une pellicule plastique, placer une planche à découper avec des poids lourds dessus et laisser mariner au réfrigérateur pendant 24 heures.
h) Retirer du film plastique et jeter les jus accumulés.
i) Réemballer et réfrigérer encore 24 à 48 heures.
j) Grattez la marinade et coupez du papier finement.

Sauce moutarde à l'aneth :
k) Mélangez la moutarde, le sucre, le vinaigre, le sel et le poivre dans un bol.
l) Incorporer lentement l'huile jusqu'à ce que le mélange épaississe.
m) Incorporer l'aneth frais haché.
n) Servez le Gravlax avec la sauce moutarde à l'aneth, tranché finement comme du papier, et dégustez !

54.Salade suédoise au poulet

INGRÉDIENTS:
- 3 tasses de poulet cuit, froid et coupé en dés
- ½ tasse de mayonnaise
- ⅓ tasse de crème sure
- 2 à 3 cuillères à café de curry en poudre
- Sel et poivre au goût
- Feuilles de laitue croustillantes, lavées et séchées
- 2 œufs durs, décortiqués et coupés en quartiers
- 6 olives farcies, tranchées
- 2 cuillères à soupe de câpres, égouttées
- 3 cuillères à soupe de cornichons à l'aneth finement hachés

INSTRUCTIONS:
a) Mélangez le poulet avec la mayonnaise, la crème sure et la poudre de curry.
b) Assaisonnez avec du sel et du poivre. Bien mélanger.
c) Réfrigérer pendant 1 heure ou plus pour mélanger les saveurs.
d) Au moment de servir, disposez les feuilles de laitue sur une assiette.
e) Verser la salade de poulet sur la laitue.
f) Décorer avec des œufs durs, des olives, des câpres et des cornichons à l'aneth hachés.

55. Saumon norvégien séché au genièvre

INGRÉDIENTS:
- 2 livres de filet de saumon
- ½ tasse de baies de genièvre
- 2 cuillères à soupe de sel
- 4 cuillères à soupe de sucre
- ¼ tasse de moutarde de Dijon
- ½ tasse de sucre en poudre
- ½ cuillère à soupe d'huile d'olive
- ½ cuillère à soupe d'aneth, finement haché

SAUCE MOUTARDE:
- Mélanger la moutarde, le sucre, l'huile et l'aneth.

INSTRUCTIONS:
a) Lavez le saumon, séchez-le et retirez les arêtes.
b) Écrasez les baies de genièvre dans un robot culinaire ou un mélangeur.
c) Mélangez le sel et le sucre ensemble.
d) Frottez le mélange de sel et de sucre sur les deux côtés du saumon. Placer le saumon à plat, côté peau vers le bas, dans une poêle.
e) Répartir les baies de genièvre écrasées sur le dessus du saumon. Couvrir de papier d'aluminium et placer des poids (comme plusieurs boîtes de conserve ou une petite planche avec une boîte de conserve ou deux) dessus.
f) Réfrigérer 48 heures en retournant le saumon plusieurs fois. Gardez le poids sur le saumon.
g) Grattez les baies de genièvre, coupez le saumon en fines tranches et servez avec une sauce moutarde.

Sauce moutarde:
h) Mélanger la moutarde de Dijon, le sucre en poudre, l'huile d'olive et l'aneth finement haché.
i) Savourez votre délicieux saumon norvégien au genièvre !

56.Steak à la suédoise

INGRÉDIENTS :
- 2 livres de steak rond désossé
- Sel et poivre
- 1 cuillère à café d'aneth
- 1 oignon moyen, tranché
- 1 cube de bouillon de bœuf émietté
- ½ tasse d'eau
- ¼ tasse de farine
- ¼ tasse d'eau
- 1 tasse de crème sure

INSTRUCTIONS :
a) Coupez le steak en morceaux de la taille d'une portion. Saupoudrez de sel et de poivre. Placer dans une marmite à cuisson lente.
b) Ajouter l'aneth, l'oignon, le cube de bouillon et ½ tasse d'eau.
c) Couvrir et cuire à feu doux pendant 6 à 8 heures.
d) Retirez la viande.
e) Épaississez le jus avec de la farine dissoute dans ¼ tasse d'eau. Tournez le contrôle à puissance élevée et faites cuire pendant 10 minutes ou jusqu'à ce que le mélange épaississe légèrement.
f) Incorporer la crème sure.
g) Éteignez le feu.

57. Soupe norvégienne aux pois

INGRÉDIENTS:
SOUPE:
- 1 livre de pois cassés séchés
- 2 litres d'eau
- 2 gros oignons, finement coupés
- 3 grosses carottes, coupées en petits dés
- 2 côtes de céleri, hachées finement
- 1 pomme de terre moyenne, coupée en petits dés
- Sel, au goût
- Poivre à goûter

BOULETTES DE VIANDE:
- 1 livre de saucisse de porc
- ½ tasse de germe de blé

GARNIR:
- Persil haché

INSTRUCTIONS:
SOUPE:
a) Mettez tous les ingrédients (pois cassés, eau, oignons, carottes, céleri, pomme de terre, sel et poivre) dans une marmite et laissez mijoter lentement pendant deux heures.
b) Ajoutez des assaisonnements au goût.

BOULETTES DE VIANDE:
c) Formez la saucisse de porc en petites boules.
d) Rouler les boulettes de porc dans le germe de blé.
e) Placez délicatement les boulettes de porc dans la soupe.
f) Laisser mijoter lentement pendant encore une heure ou jusqu'à ce que la soupe soit cuite.
g) Garnir chaque bol de persil haché.
h) Savourez votre copieuse soupe aux pois norvégienne !

58. Saumon Aux Oignons Grillés

INGRÉDIENTS:

- 2 tasses de copeaux de bois dur, trempés dans l'eau
- 1 gros saumon norvégien d'élevage (environ 3 livres), les arêtes retirées
- 3 tasses de saumure à fumer, à base de vodka
- ¾ tasse de friction à fumer
- 1 cuillère à soupe d'aneth séché
- 1 cuillère à café de poudre d'oignon
- 2 gros oignons rouges, coupés en rondelles de 1 pouce d'épaisseur
- ¾ tasse d'huile d'olive extra vierge 1 bouquet d'aneth frais
- Le zeste finement râpé d'1 citron 1 gousse d'ail hachée
- Gros sel et poivre noir moulu

INSTRUCTIONS:

a) Mettez le saumon dans un sac géant à fermeture éclair (2 gallons). Si vous n'avez que des sacs de 1 gallon, coupez le poisson en deux et utilisez deux sacs. Ajoutez la saumure dans le(s) sac(s), expulsez l'air et scellez. Réfrigérer 3 à 4 heures.

b) Mélangez tout sauf 1 cuillère à soupe de mélange avec la poudre d'aneth et d'oignon séchés et réservez. Faire tremper les tranches d'oignon dans de l'eau glacée. Faites chauffer un gril à feu doux indirect, environ 225 ¡F, avec de la fumée. Égouttez les copeaux de bois et ajoutez-les au gril.

c) Retirez le saumon de la saumure et séchez-le avec du papier absorbant. Jetez la saumure. Enduisez le poisson avec 1 cuillère à soupe d'huile et saupoudrez le côté charnu du mélange contenant de l'aneth séché.

d) Retirez les oignons de l'eau glacée et séchez-les. Enduire d'1 cuillère à soupe d'huile et saupoudrer de la cuillère à soupe restante. Laissez reposer le poisson et les oignons pendant 15 minutes.

e) Badigeonner la grille du gril et bien frotter avec de l'huile. Placez le saumon, chair vers le bas, directement sur le feu et faites griller pendant 5 minutes jusqu'à ce que la surface soit dorée. À l'aide d'une grande spatule à poisson ou de deux spatules ordinaires, retournez le poisson côté peau vers le bas et placez-le sur la grille du gril, loin du feu. Mettez les tranches d'oignon directement sur le feu.

f) Fermez le gril et faites cuire jusqu'à ce que le saumon soit ferme à l'extérieur, mais pas sec et élastique au centre, environ 25 minutes. Une fois terminé, l'humidité perlera à travers la surface lorsque le poisson sera doucement pressé. Il ne doit pas s'écailler complètement sous la pression.

g) Retourner les oignons une fois pendant la cuisson.

ACCOMPAGNEMENTS ET SALADES

59. Salade de viande norvégienne

INGRÉDIENTS:
- 1 tasse de julienne de bœuf, de veau ou d'agneau cuit
- 1 tasse de julienne de jambon cuit ou bouilli
- 1 cuillère à soupe d'oignon émincé
- 6 cuillères à soupe d'huile de salade
- 2 cuillères à soupe de vinaigre de cidre
- ½ cuillère à café de poivre
- 1 cuillère à café de persil haché
- ¼ tasse de crème épaisse ou de crème sure
- 1 œuf dur, tranché
- 1 betterave bouillie ou marinée, tranchée

INSTRUCTIONS:
a) Mélangez les viandes coupées avec l'oignon émincé.
b) Battre ensemble l'huile, le vinaigre, le poivre et le persil.
c) Incorporer la crème à la vinaigrette.
d) Mélanger la vinaigrette avec les viandes en mélangeant légèrement.
e) Garnir d'œuf tranché et de betterave.
f) Servez cette salade de viande norvégienne comme salade de plat principal. Apprécier!

60. Oignons croustillants danois

INGRÉDIENTS:
- 4 gros oignons à chair blanche
- ½ tasse de farine tout usage, non tamisée
- 1½ pouces d'huile à salade

INSTRUCTIONS:
a) Épluchez et émincez finement les oignons. Séparez les tranches en rondelles et placez-les dans un grand sac avec la farine.
b) Fermez le sachet et secouez pour bien enrober les rondelles.
c) Dans une casserole profonde de 3 litres à feu vif, portez l'huile de salade à 300 degrés.
d) Ajouter environ ⅓ des oignons à l'huile et cuire environ 10 minutes ou jusqu'à ce que les oignons soient dorés. Régulez la chaleur pour maintenir une température de 275 degrés.
e) Remuez fréquemment les oignons. À l'aide d'une écumoire, retirez les oignons de l'huile et égouttez-les sur un matériau absorbant. Retirez toutes les particules qui brunissent plus vite que les autres pour éviter qu'elles ne brûlent.
f) Faites cuire les oignons restants dans l'huile en suivant la même procédure.
g) Servir les oignons tièdes ou froids. Une fois complètement froid, conserver hermétiquement pour une utilisation ultérieure.
h) Conserver au réfrigérateur jusqu'à trois jours ou 1 mois au congélateur.
i) Servir directement du réfrigérateur ou du congélateur. Pour réchauffer, étalez en une seule couche dans un plat peu profond et placez au four à 350 degrés pendant 2 ou 3 minutes.

61.Tomates grillées au fromage feta danois

INGRÉDIENTS:
- 3 grosses tomates, coupées en deux
- Une pincée de poivre
- ½ tasse de mayonnaise
- ½ tasse de fromage Feta danois, finement émietté
- 1 cuillère à soupe d'oignon vert haché
- ⅛ cuillère à café de thym séché

INSTRUCTIONS:
a) Épépinez légèrement les tomates, puis saupoudrez-les de poivre.
b) Dans un bol, mélanger la mayonnaise, le fromage Feta danois, l'oignon vert haché et le thym séché.
c) Versez le mélange de feta dans les moitiés de tomates.
d) Faire griller pendant environ 5 minutes ou jusqu'à ce que le dessus soit doré.

62. Homard norvégien avec salade de pommes de terre et crème

INGRÉDIENTS:
MAYONNAISE (RECETTE DE BASE) :
- 3 jaunes d'œufs frais (petits)
- 1 cuillère à soupe de vinaigre de vin blanc
- 1 cuillère à café de jus de citron
- 1 cuillère à café de moutarde de Dijon finement moulue de bonne qualité
- Sel de mer et poivre noir fraîchement moulu
- 150 millilitres d'huile d'olive de bonne qualité (1/4 pinte)
- 290 millilitres d'huile à salade de bonne qualité (huile de tournesol, mais pas de soja) (1/2 pinte)
- 1 pincée de sucre en poudre

SALADE DE POMMES DE TERRE NOSH :
- 450 grammes de petites pommes de terre nouvelles (1 lb)
- 6 oignons nouveaux, tranchés finement en diagonale
- 150 millilitres de mayonnaise (1/4 pinte) (voir recette ci-dessus)
- 4 cuillères à soupe de crème sure
- 3 cuillères à soupe de ciboulette fraîche finement hachée
- Sel de mer et poivre noir fraîchement moulu

HOMARD:
- 1 homard (1,5 à 2,5 lb)
- 180 grammes de sel de mer (6 oz)
- 1 gallon d'eau
- 1 piment rouge finement haché (évidé et épépiné)
- 2 gousses d'ail écrasées

INSTRUCTIONS:
MAYONNAISE (RECETTE DE BASE) :
a) Mélangez les jaunes d'œufs avec le vinaigre et laissez reposer 5 à 10 minutes en remuant une ou deux fois.
b) Fouettez les jaunes avec le sel et la moutarde. Arroser du mélange d'huiles en les incorporant soigneusement, en battant tout le temps, jusqu'à ce que la moitié de l'huile soit utilisée.
c) Ajoutez le jus de citron et continuez à verser et à fouetter l'huile.
d) Ajustez l'assaisonnement. Si la mayonnaise semble trop fine ou s'est fendue, battez un autre jaune dans un autre bol et versez progressivement le mélange original en battant bien.

SALADE DE POMMES DE TERRE NOSH :

e) Faire bouillir les pommes de terre dans de l'eau salée jusqu'à ce qu'elles soient tendres mais avec un milieu « cireux ». Rafraîchissez-les dans de l'eau glacée, égouttez-les bien et épluchez les peaux. Couper en fines rondelles.
f) Ajouter les oignons nouveaux émincés à la mayonnaise et à la crème sure. Assaisonner avec du sel et du poivre noir fraîchement moulu.
g) Ajouter les tranches de pommes de terre, mélanger délicatement mais soigneusement. Ajoutez la ciboulette et incorporez. Si le mélange semble trop sec, ajoutez plus de mayonnaise jusqu'à ce qu'elle soit humide.

HOMARD:
h) Faire bouillir le homard dans une grande casserole d'eau bouillante salée pendant 10 à 15 minutes jusqu'à 1,5 lb et 15 à 20 minutes jusqu'à 2,5 lb.
i) Le homard est cuit lorsque l'eau frémit doucement. Coupez le homard en deux.
j) Retirez l'estomac et l'intestin, nettoyez le reste et dégustez.
k) Pour servir, ajoutez du piment rouge finement haché et de l'ail écrasé au mélange de mayonnaise. Placez une cuillerée dans l'espace laissé par l'ablation de l'estomac.

63. Fèves au lard suédoises

INGRÉDIENTS:
- ¾ tasse d'oignons émincés
- ½ tasse de carottes coupées en dés
- 1 cuillère à soupe d'ail haché
- 1 cuillère à soupe d'huile d'olive
- ⅓ tasse de vin blanc
- 3 tasses de haricots suédois cuits d'Esther
- ⅓ tasse de mélasse noire
- 2 cuillères à soupe de sauce soja
- 1 cuillère à soupe de moutarde de Dijon
- Sel; goûter
- Poivre noir fraîchement moulu; goûter

INSTRUCTIONS:
a) Préchauffez le four à 350 degrés.
b) Dans une sauteuse, faire revenir les oignons, les carottes et l'ail dans l'huile d'olive à feu modéré jusqu'à ce qu'ils soient légèrement dorés.
c) Mélanger avec le reste des ingrédients et placer dans une cocotte légèrement beurrée ou huilée.
d) Cuire au four à découvert pendant 35 à 40 minutes.

64.Pommes au four norvégiennes

INGRÉDIENTS:
- 2 grosses pommes rouges à cuire
- 4 onces de fromage Gjetost, 1 tasse râpé
- ⅓ tasse de pacanes hachées
- ¼ tasse de raisins secs
- 2 cuillères à soupe de cassonade
- ½ cuillère à café de cannelle
- ⅛ cuillère à café de muscade

INSTRUCTIONS:

a) Coupez les grosses pommes rouges au four en deux et retirez les trognons pour créer des moitiés de pomme.

b) Dans un plat de 8 pouces allant au micro-ondes, mélanger le fromage Gjetost râpé, les pacanes hachées, les raisins secs, la cassonade, la cannelle et la muscade.

c) Verser des portions égales du mélange dans et sur chaque moitié de pomme.

d) Cuire au micro-ondes à puissance maximale pendant 5 à 6 minutes, en tournant le plat après 3 minutes (ou utiliser un plateau tournant).

e) Couvrir d'une pellicule plastique et laisser reposer 3 minutes.

65. Rouleaux de chou danois

INGRÉDIENTS:
- 1 chou vert moyen
- ½ cuillère à café de sel
- 2 cuillères à soupe de margarine
- ½ tasse d'oignon haché
- ¾ tasse de céleri coupé en dés
- 1 carotte, râpée grossièrement
- 1 livre de bœuf haché maigre
- ½ livre de fromage Havarti en tranches
- ¾ tasse de bière
- ½ tasse de sauce chili
- ½ tasse de Havarti râpé

INSTRUCTIONS:
a) Rincez le chou à l'eau froide et retirez les feuilles extérieures.
b) Placez le chou dans une grande bouilloire avec 2 tasses d'eau bouillante. Couvrir hermétiquement. Porter à ébullition et réduire le feu. Cuire environ 3 minutes.
c) Commencez par décoller les feuilles et disposez-les sur une grande plaque à pâtisserie. Utilisez un couteau bien aiguisé pour couper les grosses côtes afin que les feuilles de chou farcies soient faciles à rouler.
d) Disposez 8 grandes feuilles et placez les plus petites feuilles dessus.
e) Dans une grande poêle, faire fondre la margarine. Ajouter l'oignon, le céleri et la carotte.
f) Ajouter le bœuf et faire dorer. Cuire à découvert pendant environ 5 minutes.
g) Placez une tranche de fromage Havarti sur chaque feuille de chou. Remplissez chacun avec environ ½ tasse du mélange de viande.
h) Repliez les deux côtés sur la farce et roulez. Disposer les rouleaux de chou dans un plat allant au four (8½ x 12 pouces) avec la couture vers le bas.
i) Versez la bière. Couvrir hermétiquement le plat de papier d'aluminium.
j) Cuire au four à 350 degrés pendant 30 minutes.
k) Retirer le papier d'aluminium et verser la bière sur le chou.
l) Verser dessus la sauce chili mélangée au fromage râpé.
m) Remettre au four et cuire à découvert pendant 5 minutes supplémentaires.
n) Profitez de vos rouleaux de chou danois !

66. Salade de chou suédoise au fenouil

INGRÉDIENTS:
- 1 fenouil entier
- 1 carotte
- 1 gousse d'ail
- 2 cuillères à soupe de canneberges séchées
- 2 cuillères à soupe de vinaigre de vin rouge
- 2 cuillères à soupe de miel
- 2 cuillères à soupe d'huile végétale
- Sel et poivre au goût

INSTRUCTIONS:
a) Tranchez finement le fenouil.
b) Râpez les carottes.
c) Râpez la gousse d'ail.
d) Dans un bol moyen, mélanger le fenouil, la carotte, les canneberges et l'ail.
e) Dans un autre bol, préparez la vinaigrette en mélangeant le vinaigre de vin rouge, le miel, l'huile végétale, le sel et le poivre.
f) Ajouter la vinaigrette au mélange de salade de chou, en ajustant au goût.
g) Laissez reposer au moins 4 heures pour que les saveurs se mélangent et que le fenouil marine.

67.Rutabagas suédois

INGRÉDIENTS:
- 2 rutabagas moyens, pelés, coupés en quartiers et tranchés de 1/4" d'épaisseur
- 2 cuillères à soupe de cassonade
- ½ cuillère à café de gingembre moulu
- ½ cuillère à café de sel
- ⅛ cuillère à café de poivre
- 2 cuillères à soupe de beurre

INSTRUCTIONS:
a) Cuire les rutabagas dans de l'eau bouillante salée; vidange.
b) Dans un bol, mélanger la cassonade, le gingembre, le sel et le poivre. Bien mélanger.
c) Ajouter le mélange de sucre et d'épices ainsi que le beurre aux rutabagas.
d) Remuer doucement à feu doux jusqu'à ce que le sucre fonde, environ 2 à 3 minutes.

68.Salade danoise de concombre

INGRÉDIENTS:

- 3 gros concombres, pelés
- Sel
- ⅔ tasse de vinaigre blanc
- ½ tasse d'eau
- ½ tasse) de sucre
- ½ cuillère à café de sel
- ¼ cuillère à café de poivre blanc
- 2 cuillères à soupe de feuille d'aneth fraîche, hachée ou
- 1 cuillère à soupe d'aneth séché
- Tomates cerises rouges/jaunes (pour la garniture)

INSTRUCTIONS:

a) Tranchez les concombres très finement. Disposez-les en couches dans un bol sans aluminium, en saupoudrant chaque couche de sel.
b) Placez une assiette sur les concombres et un poids lourd sur le plat. Laissez-les rester à température ambiante pendant plusieurs heures ou toute la nuit au réfrigérateur.
c) Égoutter soigneusement les concombres. Sécher sur du papier absorbant. Retournez dans un bol.
d) Dans une petite poêle, porter à ébullition le vinaigre, l'eau, le sucre, le sel et le poivre.
e) Réduire le feu et laisser mijoter 3 minutes en remuant jusqu'à ce que le sucre soit dissous.
f) Versez le mélange chaud sur les concombres.
g) Saupoudrer d'aneth haché. Mettre au frais 3 à 4 heures.
h) Égouttez les concombres et servez-les dans un bol en verre, entourés de tomates cerises.

69.Pommes de terre norvégiennes au persil

INGRÉDIENTS:
- 2 livres de petites pommes de terre nouvelles rouges
- ½ tasse de beurre ou de margarine
- ¼ tasse de persil frais, haché
- ¼ cuillère à café de marjolaine séchée

INSTRUCTIONS:

a) Cuire les pommes de terre dans l'eau bouillante salée pendant 15 minutes ou jusqu'à ce qu'elles soient tendres.

b) Refroidissez légèrement les pommes de terre. Avec un couteau bien aiguisé, retirez une étroite bande de peau au milieu de chaque pomme de terre.

c) Dans une grande poêle, faire fondre le beurre. Ajouter le persil et la marjolaine.

d) Ajouter les pommes de terre et remuer doucement jusqu'à ce qu'elles soient bien enrobées et bien chaudes.

SOUPES DE FRUITS

70. Soupe danoise aux pommes

INGRÉDIENTS:
- 2 grosses pommes, évidées, parées
- 2 tasses d'eau
- 1 bâton de cannelle
- 3 clous de girofle entiers
- 1/8 cuillère à café de sel
- 1/2 tasse) de sucre
- 1 cuillère à soupe de fécule de maïs
- 1 tasse de pruneaux frais, non pelés et tranchés
- 1 tasse de pêches fraîches, pelées et coupées
- 1/4 tasse de vin de Porto

INSTRUCTIONS:
a) Mélanger les pommes, l'eau, le bâton de cannelle, les clous de girofle et le sel dans une casserole de taille moyenne.
b) Mélangez le sucre et la fécule de maïs et ajoutez-les au mélange de pommes en purée.
c) Ajouter les prunes et les pêches et laisser mijoter jusqu'à ce que ces fruits soient tendres et que le mélange ait légèrement épaissi.
d) Ajoutez le porto .
e) Garnir les portions individuelles d'une cuillerée de crème sure légère ou de yogourt à la vanille sans gras.

71.Soupe norvégienne aux bleuets

INGRÉDIENTS:
- 1 enveloppe de gélatine sans saveur
- ¼ tasse d'eau froide
- 4 tasses de jus d'orange frais
- 3 cuillères à soupe de jus de citron frais
- ¼ tasse) de sucre
- 2 tasses de bleuets frais, lavés
- Menthe fraîche, pour la garniture

INSTRUCTIONS:
a) Faire ramollir la gélatine dans de l'eau froide dans une tasse à crème anglaise. Placer dans une casserole d'eau chaude (non bouillante) jusqu'à ce qu'il soit fondu et prêt à l'emploi.
b) Mélangez le jus d'orange, le jus de citron et le sucre avec la gélatine fondue. Remuer jusqu'à ce que le sucre et la gélatine soient dissous.
c) Réfrigérer jusqu'à ce que le mélange commence à épaissir.
d) Incorporez les myrtilles au mélange.
e) Réfrigérer jusqu'au moment de servir.
f) Verser dans des tasses de bouillon réfrigérées et garnir de menthe fraîche.
g) Savourez votre soupe norvégienne rafraîchissante aux myrtilles !

72. Soupe danoise aux pommes, aux fruits et au vin

INGRÉDIENTS:
- 2 grosses pommes, épépinées, parées et coupées en gros dés
- 2 tasses d'eau
- 1 bâton de cannelle (2 pouces)
- 3 clous de girofle entiers
- 1/8 cuillère à café de sel
- ½ tasse) de sucre
- 1 cuillère à soupe de fécule de maïs
- 1 tasse de pruneaux frais, non pelés et coupés en huitièmes
- 1 tasse de pêches fraîches, pelées et coupées en gros dés
- ¼ tasse de vin de Porto

INSTRUCTIONS:
a) Mélanger les pommes, l'eau, le bâton de cannelle, les clous de girofle et le sel dans une casserole de taille moyenne.
b) Couvrir et cuire à feu moyen jusqu'à ce que les pommes soient tendres.
c) Retirez toutes les épices et réduisez-les en purée en forçant le mélange chaud à travers une passoire grossière.
d) Mélangez le sucre et la fécule de maïs et ajoutez-les au mélange de pommes en purée.
e) Ajouter les prunes et les pêches et laisser mijoter jusqu'à ce que ces fruits soient tendres et que le mélange ait légèrement épaissi. Cela prendra très peu de temps.
f) Ajoutez le porto et goûtez pour le sucré, en ajoutant plus de sucre si nécessaire. N'oubliez pas cependant que la saveur de cette soupe aux pommes doit être acidulée.
g) Refroidissez soigneusement.
h) Garnir les portions individuelles d'une cuillerée de crème sure légère ou de yogourt à la vanille sans gras.
i) Saupoudrez légèrement la crème ou le yaourt d'un peu de muscade.

73.Soupe Sucrée Danoise

INGRÉDIENTS:
- 1 litre de jus de fruits rouges
- ½ tasse de raisins secs dorés
- ½ tasse de groseilles
- ½ tasse de pruneaux ; ou prunes, dénoyautées et hachées
- ½ tasse) de sucre
- 3 cuillères à soupe de Tapioca, Minute
- 2 tranches de citron
- Petit bâton de cannelle

INSTRUCTIONS:
a) Mélangez le jus de fruits, les raisins secs, les groseilles, les pruneaux et le sucre.
b) Laisser mijoter quelques minutes puis ajouter quelques tranches de citron et un petit bâton de cannelle.
c) Ajoutez du tapioca.
d) Poursuivez la cuisson jusqu'à ce que le tapioca soit clair, en remuant pour empêcher le tapioca de coller.
e) Verser dans les plats et servir avec de la crème ou du Cool Whip.

74. Soupe de fruits norvégienne (Sotsuppe)

INGRÉDIENTS:
- 1 tasse de pruneaux séchés dénoyautés
- ¾ tasse de raisins secs
- ¾ tasse d'abricots secs
- Eau froide
- ¼ tasse de tapioca à cuisson rapide, non cuit
- 2 tasses d'eau
- 2 cuillères à soupe de jus de citron
- 1 tasse de jus de raisin
- 1 cuillère à café de vinaigre
- ½ tasse) de sucre
- 1 bâton de cannelle

INSTRUCTIONS:
a) Mélangez les pruneaux, les raisins secs et les abricots dans une casserole de 3 litres. Ajoutez suffisamment d'eau pour couvrir, environ 3 tasses. Portez à ébullition et laissez mijoter doucement pendant 30 minutes.
b) Dans une petite casserole, porter à ébullition 2 tasses d'eau. Incorporer le tapioca et laisser mijoter 10 minutes.
c) Une fois les fruits ramollis, ajoutez le tapioca cuit, le jus de citron, le jus de raisin, le vinaigre, le sucre et le bâton de cannelle. Portez à ébullition, puis laissez mijoter encore 15 minutes. Retirez le bâton de cannelle. Le mélange épaissira en refroidissant ; ajoutez un peu plus d'eau ou de jus de raisin s'il vous semble trop épais.
d) Servir chaud ou froid. Servi froid, il peut être garni de chantilly.

DESSERT

75. Fruits suédois en liqueur

INGRÉDIENTS :
- 1 pinte Bleuets, décortiqués
- 1 pinte Framboises, décortiquées
- 1 pinte Fraises, décortiquées
- 1 pinte groseille
- 1 tasse de sucre cristallisé
- ⅔ tasse Brandy
- ⅔ tasse Rhum léger
- Crème fouettée pour la garniture

INSTRUCTIONS :
a) Placer les baies et les groseilles rouges dans un bol en verre.
b) Ajouter le sucre, le cognac et le rhum en remuant de temps en temps.
c) Laisser infuser une nuit au réfrigérateur.

76. Tartelettes konungens au dessert au chocolat suédois

INGRÉDIENTS:
- 2¼ tasse La meilleure farine tout usage de Pillsbury
- ½ tasse Sucre
- ⅓ tasse Cacao
- ½ cuillère à café Levure chimique double effet
- ½ cuillère à café Sel
- ¾ tasse Beurre
- 1 Œuf; légèrement battu
- 1 cuillère à soupe Lait - Remplissage
- 1 Œuf
- ¼ tasse Sucre
- ¼ tasse La meilleure farine tout usage de Pillsbury
- 1 tasse Lait
- 1 cuillère à café Vanille française
- ½ tasse Crème fouettée -Pour garniture au chocolat---
- 3 cuillères à soupe Cacao
- 3 cuillères à soupe Sucre – Glaçage au chocolat ---
- 2 cuillères à soupe Beurre; fondu
- 2 cuillères à soupe Cacao
- ½ tasse Sucre de confiserie
- 1 Jaune d'œuf
- ¼ cuillère à café Vanille française

INSTRUCTIONS:
a) CUIRE à 375 degrés pendant 12 à 15 minutes.
b) Tamisez ensemble la farine, le sucre, le cacao, la levure chimique et le sel.
c) Incorporer le beurre jusqu'à ce que les particules aient la taille de petits pois.
d) Ajouter 1 œuf légèrement battu et 1 cuillère à soupe de lait ; mélanger avec une fourchette ou un mixeur à pâtisserie.
e) Placer sur une grande plaque à pâtisserie non graissée.
f) Abaisser sur une plaque à pâtisserie avec un rouleau à pâtisserie fariné jusqu'à obtenir un rectangle de 15 x 11 pouces.
g) Coupez les bords avec un couteau ou une roulette à pâtisserie. Couper en trois rectangles de 11 x 5 pouces.
h) Cuire au four modéré, 375 degrés, pendant 12 à 15 minutes.

i) Laisser refroidir sur la plaque à pâtisserie. Détachez délicatement avec une spatule.
j) Empilez les couches sur le carton recouvert de papier d'aluminium, en étalant la garniture entre les couches jusqu'à ¼ de pouce du bord.
k) Dessus givré. si désiré, décorer d'amandes effilées grillées. Réfrigérer jusqu'à ce que le glaçage soit pris.
l) Envelopper sans serrer dans du papier d'aluminium; refroidir toute la nuit.

REMPLISSAGE:
m) Battre 1 œuf jusqu'à ce qu'il soit léger et mousseux.
n) Ajoutez progressivement le sucre en battant constamment jusqu'à ce qu'il soit épais et léger. Incorporer la farine.
o) Ajoutez progressivement le lait échaudé au-dessus d'un bain-marie.
p) Remettre le mélange au bain-marie. Cuire sur de l'eau bouillante, en remuant constamment, jusqu'à consistance épaisse et lisse. Ajouter la vanille; cool.
q) Battre ½ tasse de crème fouettée jusqu'à ce qu'elle soit épaisse et incorporer à la garniture.
r) Mélangez ½ tasse de crème fouettée, le cacao et le sucre. Battre jusqu'à épaississement.

GLAÇAGE AU CHOCOLAT :
s) Mélanger le beurre fondu, le cacao, le sucre glace, le jaune d'œuf et la vanille. Battre jusqu'à obtenir une consistance lisse.

77.Tarte danoise au fromage bleu

INGRÉDIENTS:
CROÛTE
- 11 onces de pain Pumpernickel (1 pain)
- ½ tasse de beurre (sans margarine)

TARTE AU FROMAGE:
- 2 enveloppes de gélatine sans saveur
- ½ tasse d'eau froide
- 4 onces de fromage à la crème
- ¼ tasse de sucre granulé
- 4 onces de fromage bleu danois
- 1 tasse de crème épaisse
- 1 livre de raisins verts sans pépins

INSTRUCTIONS:
CROÛTE
a) Préchauffer le four à 250 degrés F.
b) Séchez les tranches de pain au four jusqu'à ce qu'elles soient suffisamment dures pour s'émietter facilement (environ 20 à 25 minutes).
c) Faire fondre le beurre.
d) Écrasez le pain pour obtenir environ 1½ tasse de chapelure.
e) Ajoutez le beurre fondu et le sucre, mélangez bien.
f) Presser les miettes dans un moule à tarte de 9 pouces.
g) Augmentez la température du four à 350 degrés F. et faites cuire la croûte pendant 15 minutes.
h) Laisser refroidir avant de remplir.

TARTE AU FROMAGE:
i) Dans une casserole de taille moyenne, mélanger la gélatine avec l'eau et cuire à feu moyen-vif, en remuant constamment, jusqu'à ce que le mélange soit clair (environ 6 à 8 minutes). Cool.
j) Dans un grand bol à mélanger, battre le fromage à la crème jusqu'à ce qu'il soit léger et lisse.
k) Écrasez bien le fromage bleu et mélangez-le avec le fromage à la crème.
l) Versez le mélange de gélatine refroidi dans le bol avec le fromage et mélangez bien.
m) Fouettez la crème jusqu'à ce qu'elle soit ferme et incorporez-la au mélange de fromage.
n) Versez délicatement la garniture dans la croûte préparée.
o) Pressez les raisins à la verticale dans la tarte, en laissant apparaître le dessus.
p) Réfrigérez la tarte pendant plusieurs heures ou jusqu'à ce qu'elle soit prise.

78.Pudding norvégien aux amandes

INGRÉDIENTS:
- ¼ tasse de fécule de maïs
- 1 tasse de lait
- 2 œufs, séparés
- 1 tasse de crème épaisse
- ½ tasse) de sucre
- ¼ tasse d'amandes finement moulues
- 1 cuillère à soupe de rhum

INSTRUCTIONS:

a) Battre les blancs d'œufs jusqu'à ce qu'ils soient fermes; mettre de côté.
b) Mélangez la fécule de maïs avec ¼ tasse de lait pour obtenir une pâte lisse. Incorporer les jaunes d'œufs.
c) Dans une casserole, mélanger le reste du lait, la crème épaisse, le sucre et les amandes finement moulues. Porter à ébullition.
d) Baissez le feu et incorporez le mélange de fécule de maïs. Cuire 5 minutes à feu doux en remuant constamment.
e) Retirer du feu et incorporer le rhum.
f) Incorporez les blancs d'œufs battus en neige ferme.
g) Versez le mélange dans un plat de service et réservez au frais.
h) Servir avec une sauce aux fruits tiède.
i) Savourez votre délicieux pudding norvégien aux amandes !

79. Gâteau éponge suédois

INGRÉDIENTS:
- 4 œufs; séparé
- ½ cuillère à café de sel
- 4 cuillères à soupe d'eau froide
- 1 tasse de farine à gâteau ; ou 3/4 tasse de farine tout usage plus 1/4 tasse de fécule de maïs
- 1 cuillère à café d'extrait de citron
- 1 tasse de sucre ; tamisé

INSTRUCTIONS:
a) Battre les jaunes d'œufs avec de l'eau froide jusqu'à ce qu'ils soient épais et jaune pâle.
b) Ajouter l'extrait de citron au mélange de jaunes d'œufs.
c) Ajouter progressivement le sucre tamisé et le sel aux jaunes d'œufs et bien battre.
d) Tamisez la farine à gâteau 4 fois et incorporez-la au mélange de jaunes.
e) Battez 4 blancs d'œufs jusqu'à ce qu'ils forment des pics, MAIS PAS SECS. Incorporer délicatement au mélange de jaunes.
f) Verser dans un moule à tube ou un grand moule plat de 9 x 13 pouces, en graissant UNIQUEMENT le fond.
g) Cuire au four à 325 degrés pendant 45 minutes.
h) Retourner le moule tubulaire jusqu'à ce que le gâteau soit refroidi.

80. Rouleaux suédois végétaliens à la cannelle (Kanelbullar)

INGRÉDIENTS:
PÂTE
- 1 tasse de lait d'amande non sucré, légèrement tiède (100°-110°F)
- ¼ tasse de beurre végétalien, fondu
- 2 cuillères à soupe de sucre bio
- 1 cuillère à café de levure sèche instantanée ½ cuillère à café de sel casher
- 2¾ tasses de farine tout usage, divisées

REMPLISSAGE
- 6 cuillères à soupe de beurre végétalien, température ambiante
- 6 cuillères à soupe de cassonade foncée biologique
- 1 cuillère à soupe de cannelle moulue

LAVAGE DES ŒUFS
- 2 cuillères à soupe de lait d'amande non sucré
- 1 cuillère à café de nectar d'agave

GLAÇAGE
- 2 cuillères à soupe de lait d'amande non sucré ½ tasse de sucre en poudre
- ¼ cuillère à café d'extrait de vanille sucre perlé suédois, pour saupoudrer

INSTRUCTIONS:
a) Fouetter ensemble le lait d'amande, le beurre fondu et le sucre des ingrédients de la pâte dans un grand bol à mélanger.
b) Saupoudrez la levure dans le mélange de lait et laissez-la fleurir pendant 5 minutes.
c) Ajoutez du sel casher et 2¼ tasses de farine au mélange de lait et de levure, puis mélangez jusqu'à ce que le tout soit bien mélangé.
d) Couvrir le bol avec une serviette ou une pellicule plastique et laisser lever dans un endroit chaud pendant 1 heure ou jusqu'à ce qu'il double de volume.
e) Découvrez et pétrissez ½ tasse de farine tout usage dans la pâte levée. Continuez à pétrir jusqu'à ce qu'il perde son caractère collant. Vous devrez peut-être ajouter de la farine supplémentaire.
f) Abaisser la pâte en un grand rectangle d'environ ½ pouce d'épaisseur. Fixez les coins pour vous assurer qu'ils sont nets et uniformes.
g) Étalez le beurre végétalien ramolli des ingrédients de la garniture sur la pâte et saupoudrez uniformément de cassonade et de cannelle.

h) Roulez la pâte en formant une bûche et pincez la couture pour la fermer. Placer la couture vers le bas. Coupez toute irrégularité à chaque extrémité.
i) Coupez la bûche en deux, puis divisez chaque moitié en 8 morceaux de taille égale, d'environ 1½ pouce d'épaisseur chacun.
j) Tapisser le plateau alimentaire de papier sulfurisé, puis placer les brioches à la cannelle sur le plateau.
k) Couvrir d'une pellicule plastique et placer dans un endroit chaud pour lever pendant 30 minutes.
l) Sélectionnez la fonction de préchauffage sur le four grille-pain Air Fryer, réglez la température à 375 °F et appuyez sur Démarrer/Pause.
m) Fouetter ensemble les ingrédients de la dorure aux œufs et badigeonner légèrement le dessus des brioches à la cannelle.
n) Insérez le plateau alimentaire avec les brioches à la cannelle en position médiane dans le four préchauffé.
o) Sélectionnez la fonction Bake, réglez la durée sur 18 minutes et appuyez sur Start/Pause.
p) Retirez-le une fois terminé.
q) Fouettez ensemble le lait d'amande, le sucre en poudre et l'extrait de vanille des ingrédients du glaçage pour faire le glaçage, badigeonnez-en partout sur les petits pains à la cannelle, puis saupoudrez les petits pains de sucre perlé suédois.
r) Laisser refroidir avant de servir ou manger chaud.

81. Gâteau au café feuilleté suédois

INGRÉDIENTS:
- 1 tasse de farine tout usage
- 1/2 tasse de beurre froid, coupé en cubes
- 2 cuillères à soupe d'eau glacée

GARNITURE:
- 1 tasse d'eau
- 1/2 tasse de beurre
- 1 cuillère à café d'extrait d'amande
- 1 tasse de farine tout usage
- 3 gros œufs

GLAÇAGE:
- 1 tasse de sucre glace
- 2 cuillères à soupe de beurre ramolli
- 1 cuillère à soupe de lait 2%
- 1 cuillère à café d'extrait d'amande
- 1 tasse de noix de coco râpée sucrée

INSTRUCTIONS :
a) Préchauffer un four à 375°.
b) Dans un petit bol, mettre la farine ; couper le beurre jusqu'à ce qu'il soit friable. Ajoutez lentement de l'eau glacée en remuant à l'aide d'une fourchette jusqu'à ce que la pâte tienne lorsque vous appuyez dessus. Presser la pâte en 10 pouces. cercle sur la plaque à pâtisserie non graissée.
c) Garniture : Faites chauffer le beurre et l'eau à ébullition dans une grande casserole. Retirer du feu; mélanger avec l'extrait. D'un seul coup, ajoutez la farine ; battre jusqu'à homogénéité. Cuire à feu moyen jusqu'à ce que le mélange forme une boule et se détache des parois de la poêle, en mélangeant vigoureusement. Retirer du feu; laisser reposer 5 minutes.
d) Un à un, ajoutez les œufs; bien battre après chaque jusqu'à consistance lisse. Battre jusqu'à ce que ce soit brillant et lisse ; étaler sur la pâte.
e) Cuire au four jusqu'à ce qu'il soit légèrement doré pendant 30 à 35 minutes ; pendant les 5 dernières minutes, couvrir de papier d'aluminium sans serrer si nécessaire pour éviter un brunissement excessif. Transférer du moule sur une grille; laisser refroidir complètement.
f) Glaçage : Battre l'extrait, le lait, le beurre et le sucre glace jusqu'à consistance lisse dans un petit bol. Étaler dessus; saupoudrer de noix de coco.

82. Crème anglaise au fromage suédoise

INGRÉDIENTS:
- 2 tasses de lait
- 2 œufs bien battus
- Sel, au goût
- Une pincée de Paprika
- 1 tasse de fromage, râpé

INSTRUCTIONS:
a) Mélangez le lait et les œufs bien battus.
b) Ajoutez du sel, du paprika et du fromage râpé. Bien mélanger.
c) Versez le mélange dans un moule bien huilé.
d) Couvrir de papier et placer dans une casserole d'eau chaude.
e) Cuire au four à 350°F jusqu'à ce que le tout soit pris.
f) Refroidissez, démoulez et servez sur de la laitue avec la vinaigrette désirée.

83. Crème Suédoise aux Baies

INGRÉDIENTS:
- 1 enveloppe de gélatine sans saveur
- ¼ tasse d'eau froide
- 2⅓ tasses de crème fouettée
- 1 carton de fraises surgelées ou 2 boîtes (petites) de fraises fraîches
- 1 tasse de sucre
- 1 pinte de crème sure
- 1 cuillère à café d'extrait de vanille

INSTRUCTIONS:

a) Dissoudre la gélatine dans l'eau, laisser reposer 5 minutes pour ramollir.

b) Mettre la crème dans une casserole; ajouter le sucre et la gélatine. Chauffer doucement jusqu'à obtenir une consistance crémeuse en remuant doucement.

c) Retirer du feu et laisser refroidir jusqu'à épaississement. Placer au réfrigérateur pendant 30 à 60 minutes pour accélérer l'épaississement.

d) Une fois partiellement épaissi, incorporer la crème sure et la vanille.

e) Verser dans des verres à sorbet en laissant de la place aux baies. Mettre au frais pendant 8 heures.

f) Sortez du réfrigérateur et versez les baies sur la crème suédoise. Le jus des baies ajoute de la saveur.

84. Cônes danois

INGRÉDIENTS:
- ½ tasse de beurre
- ½ tasse) de sucre
- 5 blancs d'œufs
- 1 tasse de farine

INSTRUCTIONS:
a) Crémer le beurre, puis ajouter le sucre et bien mélanger.
b) Ajouter la farine tamisée et incorporer les blancs d'œufs battus en neige ferme.
c) Étalez la pâte dans un moule à cake beurré et faites cuire à four modéré jusqu'à ce qu'elle soit très légèrement dorée.
d) Pendant qu'il est encore chaud, coupez-le en carrés et formez-en des Krammerhus ou des cônes.
e) Juste avant de servir, garnir de crème fouettée légèrement sucrée et aromatisée.

85. Pudding de Noël norvégien

INGRÉDIENTS:
- 1 livre de beurre
- 2 tasses d'eau
- 6 cuillères à soupe de farine
- 1¼ tasse de farine
- 6 tasses de lait
- ½ cuillère à café de sel
- 1 oeuf battu
- 2 cuillères à café de sucre
- Cannelle

INSTRUCTIONS:

a) Faire fondre le beurre et l'eau ensemble, porter à ébullition pendant 5 minutes.

b) Ajoutez 6 cuillères à soupe de farine et mélangez avec un fouet. Laissez reposer quelques minutes et retirez la graisse qui sort (elle sera utilisée plus tard).

c) Ajoutez 1¼ tasse de farine et remuez à nouveau.

d) Ajouter le lait chauffé. Utilisez un batteur électrique pour éviter les grumeaux. Tout en battant, ajoutez le sel, l'œuf battu et le sucre.

e) Mettez le mélange dans une mijoteuse pour garder au chaud, en versant la graisse écrémée sur le pudding. Ajoutez du sucre et de la cannelle au goût.

f) Profitez de votre pudding de Noël norvégien !

86.Pavlova suédoise aux airelles

INGRÉDIENTS:
- 6 blancs d'œufs
- 1 1/2 tasse de sucre granulé
- 1 cuillère à soupe de fécule de maïs
- 1 cuillère à café de vinaigre blanc
- 1 tasse de crème fouettée
- 1/2 tasse de confiture d'airelles
- Airelles fraîches pour la garniture

INSTRUCTIONS:

a) Préchauffer le four à 300°F (150°C). Tapisser une plaque à pâtisserie de papier sulfurisé.
b) Dans un grand bol, battre les blancs d'œufs jusqu'à formation de pics mous.
c) Ajoutez progressivement le sucre, une cuillère à soupe à la fois, tout en continuant de battre les blancs d'œufs jusqu'à formation de pics fermes.
d) Incorporer délicatement la fécule de maïs et le vinaigre blanc.
e) Versez le mélange de meringue sur la plaque à pâtisserie préparée, en la façonnant en une base de pavlova ronde aux bords légèrement surélevés.

Cuire au four pendant 1 heure ou jusqu'à ce que la pavlova soit croustillante à l'extérieur et légèrement molle à l'intérieur. Éteignez le four et laissez la pavlova refroidir complètement à l'intérieur du four.

Une fois la pavlova refroidie, transférez-la délicatement dans une assiette de service. Remplissez le centre de crème fouettée et recouvrez de confiture d'airelles.

Garnir d'airelles fraîches et servir.

87. Gâteau au chocolat suédois

INGRÉDIENTS :

- 1 tasse de shortening
- 1½ tasse de sucre
- 3 oeufs
- 2 onces de chocolat à pâtisserie (non sucré), fondu
- 2 tasses de farine à gâteau
- 2 cuillères à café de levure
- 1 cuillère à café de sel
- ¼ cuillère à café de bicarbonate de soude
- 1 tasse de crème épaisse
- 2 cuillères à café d'extrait de vanille

INSTRUCTIONS :

a) Préchauffer le four à 325 degrés F. Beurrer un moule Bundt et saupoudrer d'environ 2 cuillères à soupe de chapelure sèche, en veillant à ce qu'il soit bien enrobé.
b) Dans un grand bol, battre ensemble le sucre et le shortening.
c) Incorporer les œufs, un à la fois, en battant bien après chaque ajout.
d) Incorporer le chocolat fondu.
e) Tamisez ensemble la farine à gâteau, la levure chimique, le sel et le bicarbonate de soude.
f) Mélangez la crème épaisse et l'extrait de vanille.
g) Ajouter alternativement le mélange de crème et les ingrédients secs tamisés au mélange chocolaté, en commençant et en terminant par les ingrédients secs.
h) Verser la pâte dans le moule préparé.
i) Cuire au four pendant 50 à 60 minutes ou jusqu'à ce qu'un cure-dent inséré au centre en ressorte propre.
j) Refroidissez le gâteau dans le moule pendant quelques minutes avant de le retirer.

88. Gâteau au café norvégien "Kringlas"

INGRÉDIENTS:
- ½ tasse de margarine
- 1 tasse de sucre
- 1 cuillère à café de vanille
- 1 oeuf
- 1 tasse de babeurre
- 1 cuillère à café de bicarbonate de soude
- 3 tasses de farine
- 2½ cuillères à café de levure chimique
- 1 cuillère à café de sel

INSTRUCTIONS:

a) Mélanger la vanille et l'œuf jusqu'à ce que le tout soit bien mélangé. Ajoutez le babeurre et le soda (ou 7up) et tamisez les ingrédients secs dans ce mélange.

b) Ajoutez le reste des ingrédients, mélangez bien. Placez le récipient au réfrigérateur et laissez refroidir toute la nuit.

c) Sortez la pâte refroidie et roulez des petits morceaux en longues bandes. Formez-les en forme de huit (comme un bretzel). Remettez-les au réfrigérateur pendant environ une heure, en les laissant monter à la hauteur désirée.

d) Préchauffer le four à 450 degrés Fahrenheit. Cuire les kringlas au four préchauffé pendant environ 6 à 8 minutes. Surveillez-les car les temps de cuisson peuvent varier en fonction des conditions météorologiques. Ils doivent être légèrement dorés avant de les sortir du four.

e) La réfrigération est une étape clé dans la fabrication du « Kringla ». Bien que vous puissiez les cuire sans réfrigération, leur saveur est renforcée lorsqu'ils sont réfrigérés. Savourez votre gâteau au café norvégien "Kringlas" fait maison !

89. Gâteau danois aux pommes et aux pruneaux

INGRÉDIENTS:
- 5 onces de beurre
- 7 onces de sucre en poudre
- 2 œufs bien battus
- 3 onces de farine autolevante
- 4 onces d'amandes moulues
- 4 onces de lait
- 1 cuillère à café de vanille
- 1 cuillère à soupe d'eau bouillante
- ½ cuillère à café de levure chimique
- 8 pruneaux dénoyautés, hachés
- 4 onces de noix décortiquées, finement hachées et mélangées avec 2 cuillères à soupe de sucre
- 2 pommes vertes, épépinées et tranchées
- 3 cuillères à soupe de sucre
- Cannelle moulue
- Beurre

INSTRUCTIONS:
a) Mélangez tous les ingrédients de la pâte dans un robot culinaire et faites-le fonctionner pendant 10 secondes.
b) Passez une spatule autour du bol et mélangez encore 5 secondes.
c) Versez la pâte dans un moule à gâteau rond de 10 pouces bien beurré.
d) Disposez les pruneaux sur la pâte.
e) Verser sur le mélange de noix et de sucre.
f) Disposez les tranches de pomme sur les noix.
g) Cuire au four préchauffé à 375 degrés pendant 45 minutes.
h) Saupoudrer la surface de sucre et de cannelle.
i) Parsemer de beurre et cuire au four encore 20 à 25 minutes, ou jusqu'à ce qu'un cure-dent en ressorte propre.
j) Profitez de votre gâteau danois aux pommes et aux pruneaux !

90. Dessert norvégien à la rhubarbe

INGRÉDIENTS:
- 1½ livre de rhubarbe
- 1½ tasse d'eau
- ¾ tasse de sucre
- ½ cuillère à café de vanille
- 3 cuillères à soupe de fécule de maïs
- 1 tasse de crème épaisse
- ¼ tasse) de sucre
- 1 cuillère à café de vanille

INSTRUCTIONS:
a) Lavez la rhubarbe, parez-la et coupez-la en tranches de ½ pouce.
b) Mélanger la rhubarbe avec l'eau et le sucre, puis laisser mijoter jusqu'à ce qu'elle soit tendre.
c) Incorporer la vanille.
d) Mélangez la fécule de maïs avec un peu d'eau froide pour obtenir une pâte lisse et ferme.
e) En remuant constamment, ajoutez la pâte de fécule de maïs à la rhubarbe et faites cuire pendant 5 minutes ou jusqu'à ce qu'elle soit épaisse et claire.
f) Versez le mélange dans un plat de service en verre.
g) Fouetter la crème épaisse jusqu'à ce qu'elle soit mousseuse.
h) Ajoutez le sucre et la vanille à la crème fouettée et continuez à fouetter jusqu'à ce qu'elle soit ferme.
i) Passer la chantilly dans un tube à pâtisserie en tourbillons décoratifs sur la compote de rhubarbe.
j) Vous pouvez également recouvrir le dessus de cuillerées de crème fouettée.
k) Si vous préférez servir sans chantilly, vous pouvez également le servir avec un peu de lait versé sur chaque portion.

91. Tosca suédoise

INGRÉDIENTS:
GÂTEAU:
- ½ tasse d'eau bouillante
- ¼ tasse de flocons d'avoine
- ½ tasse de cassonade bien tassée
- ½ tasse) de sucre
- 3 cuillères à soupe de margarine légère
- ½ cuillère à café d'extrait d'amande ou de noix de coco
- 1 tasse de farine tout usage
- ¼ tasse de substitut d'œuf (ou 1 œuf)
- 1 cuillère à café de levure chimique
- ¼ cuillère à café de sel
- ¼ tasse de flocons d'avoine

GARNITURE:
- ¼ tasse de cassonade bien tassée
- 1 cuillère à soupe de farine
- 2 cuillères à soupe de margarine légère
- ¼ tasse de noix de coco
- 2 cuillères à soupe de noix hachées (facultatif)
- 2 cuillères à soupe de lait écrémé
- ¼ cuillère à café de vanille

INSTRUCTIONS:

a) Chauffer le four à 350°F. Vaporiser un moule carré de 8" avec un aérosol de cuisson antiadhésif. Réserver.

b) Dans un petit bol, mélanger ¼ tasse de flocons d'avoine et l'eau bouillante. Laissez reposer 5 minutes.

c) Dans un grand bol, mélanger le sucre, ½ tasse de cassonade, 3 cuillères à soupe de margarine, l'extrait d'amande ou de noix de coco et l'œuf ou son substitut. Battez bien. Ajouter le mélange d'avoine et battre encore 2 minutes à vitesse moyenne.

d) Verser légèrement la farine dans une tasse à mesurer; se stabiliser. Ajouter 1 tasse de farine, la levure chimique et le sel. Battre pendant 2 minutes supplémentaires.

e) Versez la pâte dans le plat allant au four préparé. Cuire au four à 350 °F pendant 25 à 30 minutes ou jusqu'à ce qu'un cure-dent en ressorte propre.

f) Pendant ce temps, dans un petit bol, mélanger ¼ tasse de flocons d'avoine, ¼ tasse de cassonade et 1 cuillère à soupe de farine. Bien mélanger. Couper 2 cuillères à soupe de margarine jusqu'à ce qu'elle soit friable. Incorporer la noix de coco et les noix si vous en utilisez.
g) Ajouter le lait et la vanille au mélange de garniture et bien mélanger.
h) Étalez la garniture sur le gâteau chaud. Faire griller à 5 à 7 pouces du feu pendant 2 à 3 minutes, en prenant soin de ne pas brûler le gâteau. Griller jusqu'à ce qu'il soit bouillonnant et doré.
i) Refroidir légèrement sur une grille et servir chaud.

92. Norvégien Riskrem

INGRÉDIENTS:
- ¾ tasse de riz
- 1 cuillère à café de sel
- 4 tasses de lait
- ½ tasse) de sucre
- ½ cuillère à café d'extrait d'amande
- 1 pinte de crème épaisse, fouettée et sucrée au goût
- ½ tasse d'amandes hachées
- 1 amande entière

INSTRUCTIONS:
a) Cuire le riz et le sel dans le lait au bain-marie jusqu'à ce que le riz soit tendre et que le mélange soit épais, environ 1h30.
b) Ajouter le sucre et l'extrait d'amande. Froideur.
c) Ajoutez les amandes hachées et une amande entière.
d) Incorporer la crème fouettée.
e) Servir avec une sauce aux fruits rouges (framboise, fraise ou airelle).

93.Fondue danoise

INGRÉDIENTS:
- 6 onces de bacon moyen maigre, croûte retirée et finement hachée
- 1 petit oignon, finement haché
- 3 cuillères à café de beurre
- 3 cuillères à café de farine nature
- 8 onces liquides de bière blonde
- 8 onces de fromage Havarti râpé
- 8 onces de fromage Samso râpé
- petits cornichons aigre-doux et morceaux de pain de seigle léger, pour servir

INSTRUCTIONS:
a) Mettez le bacon, l'oignon et le beurre dans une casserole et faites cuire jusqu'à ce que le bacon soit doré et que l'oignon soit tendre.
b) Incorporer la farine, puis ajouter progressivement la bière blonde et cuire jusqu'à épaississement, en remuant fréquemment.
c) Ajouter les fromages en remuant constamment et poursuivre la cuisson jusqu'à ce que les fromages soient fondus et que le mélange soit lisse.
d) Verser dans un caquelon à fondue et servir avec des cornichons et des morceaux de pain de seigle léger.

94. Tarte au fromage suédoise

INGRÉDIENTS:
- 1 x croûte à tarte de base ; 9"
- 2 tasses de fromage cottage
- 3 gros œufs
- ¼ tasse de farine non blanchie ; Tamisé
- ¼ tasse de sucre granulé
- 1 tasse de crème légère
- ½ tasse d'amandes ; Grillé, finement haché

INSTRUCTIONS:
a) Préchauffer le four à 350 degrés F.
b) Presser le fromage cottage au tamis. Placer dans un grand bol à mélanger et battre jusqu'à consistance lisse.
c) Ajoutez les œufs, la farine, le sucre, la crème et les amandes finement hachées. Bien mélanger.
d) Versez le mélange dans la croûte à tarte de 9 pouces préparée.
e) Cuire au four environ 45 minutes ou jusqu'à ce qu'un couteau en ressorte propre.
f) Sortez la tarte du four et réservez au frais avant de servir.

95. Tartelettes au saumon norvégien

INGRÉDIENTS:

- 10 cuillères à soupe Beurre
- 2 tasses Farine
- Eau; froid
- 1 cuillère à soupe Beurre
- 1 grand Oignon; haché
- 1 tasse Champignons; découpé en tranches
- ½ tasse Crème aigre
- 1 livres Filet de saumon
- 2 Œufs; légèrement battu
- 2 cuillères à café Aneth; frais, haché
- Sel
- Poivre
- 1 Blanc d'oeuf; légèrement battu
- 1 tasse Crème aigre
- 2 cuillères à café Ciboulette; haché
- 1 cuillère à café Aneth; frais, haché
- 1 trait Poudre d'ail

INSTRUCTIONS:
POUR FAIRE DE LA PÂTISSERIE :
a) Coupez le Beurre en farine avec un mixeur à pâtisserie et ajoutez de l'eau, petit à petit, jusqu'à l'obtention d'une pâte ferme.
b) Abaisser et découper les croûtes supérieure et inférieure pour 12 tartelettes.

POUR FAIRE LE REMPLISSAGE :
c) Dans une poêle, faire fondre le beurre, ajouter l'oignon et faire revenir. Ajouter les champignons et la crème sure; laisser mijoter cinq minutes et laisser refroidir. Pendant ce temps, pochez ou faites cuire le poisson à la vapeur jusqu'à ce qu'il se défasse facilement. Égouttez le poisson et émiettez-le dans un bol. Mélangez les œufs entiers et l'aneth avec le poisson. Assaisonnez avec du sel et du poivre selon votre goût.
d) Mélangez les mélanges de poisson et de champignons et versez-les dans les croûtes du fond. Garnir de la deuxième croûte et pincer les bords pour sceller.
e) Badigeonner de blanc d'œuf les croûtes supérieures et les bords. Piquer les croûtes pour les évents de vapeur.
f) Cuire au four 10 minutes à 450 degrés F. ou jusqu'à ce que la croûte soit dorée.

POUR FAIRE LA GARNITURE :
g) Mélanger la crème sure et les assaisonnements.
h) Ajoutez-en une cuillerée sur chaque tarte avant de servir.

BOISSONS

96.Dieu Marteau

INGRÉDIENTS:
- 15 millilitres de jus de citron
- 15 millilitres de jus d'orange
- 30 millilitres de liqueur de punch suédoise
- 60 millilitres de rhum blanc léger

INSTRUCTIONS:
a) Secouez les ingrédients avec de la glace et filtrez dans un verre réfrigéré.
b) Garnir avec un zeste d'orange.

97. Médecin

INGRÉDIENTS:
- 22 millilitres de jus de citron vert
- 45 millilitres de rhum vieux
- 45 millilitres de liqueur de punch suédoise

INSTRUCTIONS:
a) Secouez les ingrédients avec de la glace et filtrez dans un verre réfrigéré.
b) Garnir avec un zeste de citron vert.

98. Mélange de café suédois

INGRÉDIENTS:
- ½ tasse de café instantané en grains
- ¼ tasse de cassonade bien tassée
- ¼ cuillère à café de cannelle moulue
- ¼ cuillère à café de clous de girofle moulus
- ¼ cuillère à café de muscade moulue
- ¼ cuillère à café de zeste d'orange râpé

INSTRUCTIONS:
a) Mélanger tous les ingrédients en remuant bien.
b) Conserver à température ambiante dans un contenant hermétique.
c) Mélangez 1 cuillère à soupe de mélange à café et 1 tasse d'eau bouillante. Garnir de crème fouettée si désiré.

99. Lance suédoise

INGRÉDIENTS:
- 30 millilitres de jus de pamplemousse rose
- 30 millilitres de liqueur de punch suédoise
- 60 millilitres de whisky bourbon
- Bière amère britannique

INSTRUCTIONS:
a) Secouez les trois premiers ingrédients avec de la glace et filtrez dans un verre réfrigéré. Garnir de bière.
b) Garnir d'une tranche de pamplemousse.

100.Café Danois

INGRÉDIENTS:
- 8 tasses de café chaud
- 1 tasse de rhum brun
- 3/4 tasse de sucre
- 2 bâtons de cannelle
- 12 clous de girofle (entiers)

INSTRUCTIONS:

a) Dans une très grande casserole à fond épais, mélanger tous les ingrédients, couvrir et maintenir à feu doux pendant environ 2 heures.

b) Servir dans des tasses à café.

CONCLUSION

Alors que nous concluons notre exploration des « plats scandinaves dévoilés », nous vous remercions sincèrement de nous avoir rejoint dans ce voyage culinaire à travers les saveurs riches et authentiques du Nord. Nous espérons que ces 100 recettes vous auront permis de savourer l'essence de la cuisine scandinave, en apportant un avant-goût de la magie culinaire de la région chez vous.

Ce livre de recettes est plus qu'un simple recueil de recettes ; c'est une invitation à embrasser la beauté de la simplicité, la joie de créer à partir de zéro et la satisfaction de partager des moments savoureux autour de la table. Pendant que vous savourez les dernières bouchées de ces créations scandinaves authentiques, nous vous encourageons à continuer d'explorer la riche tapisserie culinaire que le Nord a à offrir.

Puisse "LES PLATS SCANDINAVES DÉVOILÉS" inspirer vos futurs efforts culinaires et que les saveurs authentiques de la Scandinavie continuent d'embellir votre cuisine avec chaleur, joie et l'esprit de l'hospitalité nordique. Skål !